VOL. 50

EDITORA AFILIADA

Dados Internacionais de Catalogação na Publicação (CIP)
(Câmara Brasileira do Livro, SP, Brasil)

Barros, Paulo
   Narciso, a bruxa, o terapeuta elefante e outras histórias psi / Paulo Barros. — São Paulo : Summus, 1994.
   (Novas Buscas em Psicoterapia ; v. 50).

Bibliografia.
ISBN 85-323-0456-7

1. Gestalt-terapia 2. Psicoterapia I. Título.

94-2966   CDD-616.8143

Índices para catálogo sistemático:
1. Gestalt : Psicoterapia : Medicina 616.8143
2. Gestalt-terapia : Medicina 616.8143

Paulo Barros

NARCISO, A BRUXA, O TERAPEUTA ELEFANTE, E OUTRAS HISTÓRIAS PSI

novas buscas em psicoterapia

*NARCISO, A BRUXA, O TERAPEUTA ELEFANTE
E OUTRAS HISTÓRIAS PSI*
Copyright © 1994
by Paulo Barros

Capa de:
Carlo Zuffellato/Paulo Humberto Almeida

Proibida a reprodução total ou parcial
deste livro, por qualquer meio e sistema,
sem o prévio consentimento da Editora.

Direitos desta edição
reservados por
SUMMUS EDITORIAL LTDA.
Rua Cardoso de Almeida, 1287
05013-001 — São Paulo, SP
Telefone (011) 872-3322
Caixa Postal 62.505 — CEP 01295-970

Impresso no Brasil

NOVAS BUSCAS EM PSICOTERAPIA

Esta coleção tem como intuito colocar ao alcance do público interessado as novas formas de psicoterapia que vêm se desenvolvendo mais recentemente em outros continentes.

Tais desenvolvimentos têm suas origens, por um lado, na grande fertilidade que caracteriza o trabalho no campo da psicoterapia nas últimas décadas, e, por outro, na ampliação das solicitações a que está sujeito o psicólogo, por parte dos clientes que o procuram.

É cada vez maior o número de pessoas interessadas em ampliar suas possibilidades de experiência, em desenvolver novos sentidos para suas vidas, em aumentar sua capacidade de contato consigo mesmas, com os outros e com os acontecimentos.

Estas novas solicitações, ao lado das frustrações impostas pelas limitações do trabalho clínico tradicional, inspiram a busca de novas formas de atuar junto ao cliente.

Embora seja dedicada às novas gerações de psicólogos e psiquiatras em formação, e represente enriquecimento e atualização para os profissionais filiados a outras orientações em psicoterapia, esta coleção vem suprir o interesse crescente do público em geral pelas contribuições que este ramo da Psicologia tem a oferecer à vida do homem atual.

NOVAS BUSCAS EM PSICOTERAPIA
SÉRIE B: NOSSAS BUSCAS

Nossas Buscas deseja se constituir num espaço aberto a ser preenchido por publicações de autores nacionais. Reconhecendo as dimensões universais dos problemas humanos, que independem de contingências históricas e culturais, Nossas Buscas quer deter-se sobre a maneira específica como está acontecendo entre nós a psicoterapia.

Sem se negar a autores mais antigos e mais publicados, aspira privilegiar as gerações de psicoterapeutas formados nestes últimos vinte anos. Tais gerações são oriundas das anteriores. Devem-lhes muito. É necessário que paguem esta dívida. Sobretudo, andando com as próprias pernas, pensando com a própria cabeça. Transformando em frutos o que receberam em gérmen.

Sem se tornar um veículo de modas, Nossas Buscas pretende fazer com que a atualidade em psicoterapia seja mais perceptível. Com seus erros e acertos. Facilitar a passagem do que vem para passar, possibilitar a fixação do que vier para ficar. Nossas Buscas é um desafio aos psicoterapeutas que estão em atuação.

Cresce o número de pessoas que procuram a psicoterapia. Para tentar resolver suas dificuldades e para ampliar suas possibilidades de viver. A estas pessoas se dedica, e se oferece como fonte de informação esta série B: Nossas Buscas em Psicoterapia.

SUMÁRIO

PRIMEIRA PARTE: HISTÓRIAS PSI

0. João de Maria 11
1. Bruxas e como desfazê-las 12
2. A história do catador de estrelas 16
3. Espírito, uma invenção do espírito 19
4. O terapeuta elefante 21
5. Os olhos do macaco 31
6. *Anima, animus* 34
7. Campo de sonhos 38
8. Exagero 40
9. O pássaro de bico afiado 41
10. Sob as árvores uma tarde 44

SEGUNDA PARTE: POEMAS PSI

1. Mãe 47
2. Cê tá loca Chica 49
3. Alma 51
4. Claridade 52
5. Quietude 53
6. Felicidade é despertar 54
7. Urge 56
8. Cirandas 57
9. Pressa metropolitana 58
10. Ser 59
11. Pai 60
12. Morte 61
13. Uma rosa vermelha 62

14. Lua nova 63
15. Poema fruto 64
16. Portas 65
17. Prece 66
18. Resgate 67
19. Inverno da alma 68
20. Ser crescendo 70

TERCEIRA PARTE: TRABALHOS TEÓRICOS (OU QUASE)

1. Narciso pescador 73
2. Limitações e dificuldades da relação terapêutica 88
3. Polaridades: uma possibilidade de aplicação nos conceitos da gestalt-terapia 94
4. Polaridades: fundamentos 102
5. Sincronicidade, uma abordagem estatística 121

Bibliografia 161

PRIMEIRA PARTE

HISTÓRIAS PSI

0

João de Maria

Os homens? São todos autores. Isso mesmo, são todos autores. Nisto mesmo que escrevo. Esta mesa em que escrevo é de autoria de João. Marceneiro que entalha com ferramenta feita por Antônio. Entalha madeira trazida por José, filho de Teresa, que come comida de Suzana. Madeira de árvore cortada por Josias, que, em companhia de Alcides, saiu em direção ao mato, sem sol, o dia por nascer.

Pudesse eu escrever sem o papel! Poderia? Sem estas folhas tão brancas, tão lisas, saídas de minha gaveta. De minha gaveta; da mesa feita de João. Feita de João, sim, senhor! Do seu desejo, da sua força, da sua disciplina, com o seu carinho. Mesa feita de madeira e das horas de João. Horas de João sem Maria. Nos entalhes da madeira o amor de João por Maria. Maria de seus pensamentos. Acaso não devo eu, então, escrever por João, seus pensamentos de Maria?

Acaso não devo eu, então, entalhar madeira como se fosse eu o seu João trabalhando em Maria? Possa eu, João, nestas folhas tão brancas, de papel, vindas da papelaria, recriar teus pensamentos na madeira por Maria.

João, estas folhas de papel, tão brancas, vieram da madeira também. Quem sabe, João, se esta folha não é de cerejeira como a tua mesa. Possa ser de pinho, João, plantado por Antônio, cortado por Alcides, saído pro mato, acompanhado de Josias, o dia já nascido.

Nós todos, João, e muitos outros, escrevemos estas linhas.

Agora, João, teus pensamentos de Maria?
Teus pensamentos, João, de Maria?
São teus, João, os pensamentos de Maria.
Como sonhaste, João, e eu jamais violaria.

1

Bruxas e como desfazê-las

Quem não sabe ficar sozinha acaba virando bruxa. Bruxas são seres opacos que vivem orbitando seres radiantes. Por isso se vestem de preto. Desativaram seus dinamismos de irradiação. Congelaram-se de medo e não têm calor próprio. Precisam a todo instante de calor alheio e vivem distribuindo baldes de água fria.

Têm medo de seu próprio calor e por isso vivem sendo queimadas em fogueiras. Têm medo de se aquecer e derreter. Têm medo do sol e vivem voando à luz fria da lua.

Vivem se metendo onde não são convidadas, pois suas casas são sempre muito mal arrumadas. Suas vassouras não cuidam da casa nem alisam o chão. Suas vassouras são cavalos secos que transportam inveja. Inveja que seca os pássaros e tudo o que seja caro a qualquer criatura. Têm verdadeiro ódio de serem esquecidas. E por isso enfeitiçam as pessoas. Modo macabro de se fazerem presentes. É como se dissessem:

— Não te esquecerás nunca de mim e sempre que qualquer coisa começar a te aquecer com seu lado encantado eu te congelarei de medo; é preciso que fiques sozinha como eu sou. Para que tua solidão me faça companhia.

Têm medo da chuva e de tudo o que possa umedecer e fertilizar a terra e dar vida a qualquer semente. Por isso são tão secas e enrugadas. Secam até sapos, que são bichinhos que gostam da chuva e podem se transformar em príncipes.

Bruxas são seres que desistiram de toda beleza. Murcharam. E que culpam as outras pessoas por isso. Tornaram-se feias por abrirem mão de toda bondade. Secaram. Vestiram trapos de escárnio para ostentar todo o seu ressentimento. Tornaram-se más para não sentirem culpa. Foram vencidas pelo medo de não serem amadas. Encrispadas, proclamam:

— Não sou amada porque não quero. Prefiro ser feia e ruim.

Não suportam o risco de serem ou não amadas. Desistiram e, por um artifício defensivo do orgulho, preferem se destacar por qualquer coisa de feio. Colocam verrugas no nariz.

Bruxas cozinham em caldeirões de seu próprio ser, fétidas misturas de covardia e pretensões. Covardia, pois, tendo fugido do amor, preparam vinganças à traição. Pretensão, pois, tendo se afastado do amor, querem por força permanecer dentro dos outros. Se encheram de reclamações contra o mundo e perderam a possibilidade de se encantarem. Bruxas não vibram, estremecem. Não adormecem, nem podem despertar. As bruxas estão congeladas de medo. Por isso gostam tanto de assustar os outros.

Para desfazer uma bruxa são necessários uma montanha de brandura, dois lagos de tranqüilidade e uma floresta de algodão. Uma montanha de brandura para acolher todas as chispas, fagulhas e faíscas com que uma bruxa te recebe. Para que não te magoem todos os acessos de ruindade com que uma bruxa procura escapar do tédio. Não te magoes, pois isso poderia fazê-la se aproximar da culpa e refugiar-se na maldade. Branduras que possam ampará-la ao cair da vassoura. Se não fores indiferente, cairá ao não conseguir te ferir.

Com isso ela estará encurralada no tédio. Não poderá escapar via maldades. Aqui começa o caminho de volta de uma bruxa. E começarão as angústias. Pois debaixo de cada pedra de tédio existem angústias. Tédios são caminhos errados com que se buscou evitar sofrimentos. Por essa estrada de volta, as primeiras paisagens são nuvens carregadas de culpa. Todas, muitas e a mais grave: o que fez a si mesma.

Por estas alturas já se farão necessários os dois lagos de serenidade. Com suas águas poderás acompanhá-la por todos os abismos, depressões e grotas congeladas que constituem seu desespero. De ter cultivado tanto ódio, tanta inveja, tanta covardia, tanto orgulho. De ter se afastado do amor.

Não a deixes sozinha nessas paragens geladas. Ela começa a sentir frio. E essa é a única maneira de se degelar. Não se abandona ninguém, nunca, durante essa nevasca. Há riscos de que se perca na neve. Terás de acompanhá-la como a água dos lagos. Água não teme cair. Água não quebra, não tem forma própria. E terás de cair, cair, cair. Como a chuva.

Por fim, num vale em fim de inverno, com a floresta de algodão se tecerá um casulo. Para que a quase-ex-bruxa possa se aquecer muito, muito devagar. Mas devagar mesmo, pois que a têmpera do amor é tal que sua força jaz em derreter e não perder forma. Coisa que a ex-bruxa não sabia fazer. Do casulo há de sair uma linda borboleta da primavera. No verão a borboleta-quase-mulher aprenderá a tecer ninho com as andorinhas. E a guardar tanto calor em seu ventre-colo-seio que será capaz de gerar, aquecer e alimentar sementes e esperanças quando chegar o outono.

Com a proximidade do inverno, há de se lembrar da avozinha que sabia — imaginem! — ficar sozinha. E tricotar. E lembrar. E contar histórias. Sabem como a avozinha terminaria esta história? Ela diria:

— E por aquela porta acabou de ir embora uma bruxa. E por esta janela se podem ouvir os pássaros e ver o céu. E aqui dentro quem procurar... Encontra uma mulher.

* * *

Uma das grandes satisfações que este texto me proporcionou é que teve desdobramentos preciosos em pessoas que me são próximas e muito queridas. Foi ilustrado por uma amiga que confeccionou um exemplar de livro com desenhos maravilhosos. Este fato fez com que decidisse deixar um emprego e uma carreira de quase uma década em uma agência de propaganda com o que não se realizava totalmente, para voltar a se dedicar a seu talento com desenho, pintura e escultura.

Um amigo, com quem desfruto o privilégio de viver uma relação de respeito e admiração mútuas, adotou este texto como parte de um curso de introdução à psicoterapia, como um exemplo de como se pode apresentar, refletir e pensar o fenômeno da psicoterapia com outras linguagens que não as usuais. O que muito me honra.

Minha alma gêmea, mulher de meu irmão, dotada para música e a poesia, compôs letra e música inspirada neste texto. Com sua permissão, transcrevo a letra:

Eu sei de um homem
Que era mágico
Um pouco trágico, talvez
Eu sei de um homem
Que era infinito
E tão bonito que assim me fez

Mulher que antes bruxa
Tinha verruga no meu nariz
Hoje co'alma lavada
Aconchegada eu sou feliz
Mulher que antes sozinha
Eu tinha medo de amanhecer
Hoje de sol banhada, iluminada,
Eu sei viver.

Eu sei de um homem
Outrora dor
Agora pássaro, um beija-flor
Eu sei de um homem que era algodão
E fez de novo meu coração

Mulher que antes bruxa etc.

Muito outros pequenos acontecimentos formam o jardim que floresceu em torno deste texto antes mesmo de sua publicação. E me comove, muitas vezes, como agora, até às lágrimas, o fato de que possamos desfazer as bruxas uns dos outros e despertar as possibilidades de expressão e criação de cada um de nós.

2

A história do catador de estrelas

Convocados pelo amor, ao meu lado, eis aqui os meus heróis. Todos a postos, prontos para conquistar o mundo e o que mais possa agradar à moça bonita. Mestres em galhardia, galanteio e ousadia. Todos a postos, fogosos por ação. Como quando eu era garoto e em meio à serenidade sorvia o brilho dos olhares da magia. Dos magos.

Na minha rua tinha um. Sob o disfarce de sapateiro. Como eu gostasse de brincar com pregos, emprestava-me o martelo de orelhas compridas e algum pedaço de couro surrado. Sentados frente a frente, cada qual de um lado da bancada, entretínhamos o nosso ofício. Eu a pregar pregos, ele a consertar botinas. Um dia lhe confidenciei que colecionava pedrinhas. Mas era segredo que eu escondia num oco da mangueira. Ele no dia seguinte me deu uma pequena sacola de pano. Feita durante a tarde. Enquanto eu estava na escola. E me disse:

— Pra você guardar as pedrinhas. E também vou contar um segredo pra você guardar no seu esconderijo: além de pedras, a gente também pode colecionar heróis.

Surpreso e encantado, perguntei:
— Colecionar heróis?!
— Sim...
— Eu já tenho um.
— Então guarde-o bem.
— Sim, eu gosto muito dele.
— Isso é muito importante. A gente é do tamanho do amor que a gente sente.
— Mesmo antes de crescer?
— Sim, a gente cresce é de dentro. Vai brotando como amor que a gente finca como raízes em pessoas certas. E de repente a gente percebe que é igualzinho o que amou.
— Mas meu herói é corajoso e eu sinto medo.

— Você está descobrindo sua coragem. Ela está crescendo no seu amor por ele.

Essa bebida forte calando me esquentava e eu no silêncio podia sentir meu peito crescer. Mas eu precisava mais um gole antes de sair correndo para brincar.

— Bem, mas eu só tenho um.

— Não é importante. A gente sempre começa devagarinho. É como colher trigo. E de repente estamos com os braços cheios.

Assim era o consertador de botinas, que em troca de um segredo e de meu esconderijo me concedeu poder amar e admirar sem me sentir pequeno. A bênção, mago sapateiro, padrinho de todos os meus heróis.

E como eu gostasse de fiar contas em colar, ia escutando as estórias que a maga costureira ia fiando enquanto costurava. E eu confiando cada vez mais debruçava a minha alma sobre sua mesa de trabalho. Chegava perto para poder sorver ainda quentes as estórias que ela inventava.

Um dia estava quieta, talvez estivesse triste, não sei. Eu queria lhe dar alguma coisa. Então disse:

— Eu trouxe esta pedra para você.

Ela olhou para mim por sobre os óculos e assim ficou alguns instantes. Ela me olhava nos olhos e eu tive medo que não gostasse de pedras. Na minha mão estendida quase tremia um seixo cinza-azulado que eu tinha achado na beira do riacho.

— É muito bonito, é da cor do céu quando está alegre e triste.

— Eu achei junto ao riacho.

— As pedras que moram no riacho passam muito tempo escutando as águas rolando. E, se você olhar bem, dentro delas pode ver as águas rolando.

— É da minha coleção. Eu tenho muitas que eu guardo no meu esconderijo.

— Ah! Então você também tem um lugarzinho escondido para guardar as coisas de que gosta muito?

— Sim, eu também guardo lá os meus heróis. Eles ensinam a gente a crescer. Porque a gente gosta deles.

— Gostar é como construir uma cabana. A gente se sente bem dentro. Se cair uma chuva ou alguma coisa ficar muito difícil, estamos protegidos. E cabe cada vez mais gente dentro. Você sabe de onde vêm os heróis?

— O meu veio de outro planeta. Não tem pai nem mãe. Não sei dizer, parece que eles morreram quando ele era pequeno.

— Sim, os heróis vêm de outras terras. E é quase sempre assim, quando papai e mamãe morrem os heróis surgem dos sonhos. Para poder continuar o mundo. E realizar o destino dos sonhos.

— O destino dos sonhos?
— Sim, a gente precisa dos sonhos para saber para onde crescer. Então os heróis surgem dos sonhos e ficam por aí pra gente poder se encontrar com eles.
— O meu herói é muito corajoso.
— Você sabe por que os heróis são sempre corajosos?
— É para poder salvar a gente e realizar coisas muito difíceis.
— Exatamente. E eles conseguem isso porque sem os pais conseguiram crescer e sair sozinhos em busca do mundo.
— O meu herói é capaz de ir até as estrelas.
— Você um dia também será capaz.
— Eu?...
— Mas é claro, você coleciona pedrinhas. Elas são como as estrelas que marcam o caminho da gente. Por isso a que você me deu é da cor do céu. Guarde-a para quando você crescer e encontrar uma moça muito bonita. Se tiver vontade de lhe buscar as estrelas, dê para ela esta pedrinha.

Assim era a minha costureira de estórias, que em troca de um seixo cinza-azulado me ensinou a confiar e me segredou que os heróis enfrentam o mundo pros olhos da moça bonita. A bênção, maga costureira, madrinha do amor e de todos os sonhadores.

3

Espírito, uma invenção do espírito

> *Se o espírito não existisse, só
> um espírito poderia criá-lo.*

    Em uma cabana vivia um velho tão velho que ninguém mais o visitava. E isso há tanto tempo que dele ninguém se lembrava. Não esperava mais visitas e também delas tinha medo. Quem, senão a morte, poderia dele se lembrar?
    Cozinhava suas batatas em um caldeirão de ferro preto. Esquecera onde as arranjara, e toda noite se encantava com que elas estivessem tão macias quando ainda há bem pouco estavam frescas e coloridas de terra. Dos seus cochilos acordava bocejando, lembrando que estava com sono.
    Caminhava atrás da casa como quem fosse para o mato. Até mesmo os pássaros mais tímidos com ele não se importavam. Sua presença era como a das árvores, suas preferidas.
    Depois de temer a morte, até mesmo a desejara. Mas temer e desejar são cansativos e passageiros e por longos períodos deu de esquecê-la. Quando se lembrava, vislumbrava um esquecimento pressentido como recíproco. E algo em si sorria como se sorri na presença de uma lembrança amiga. Com o tempo tudo foi adquirindo esta qualidade. Sua existência tornou-se sutil.
    Um dia não mais voltou para a cabana. Quedou-se junto à árvore mais antiga. E por uma afinidade na compreensão da passagem do tempo, começou a perder idade. Foi perdendo, perdendo e ficou ali tanto tempo que ficou sem nenhuma idade. Sua consciência foi se tornando luminosa. O seu corpo não mais existiu, pois que forma poderia ter o corpo de um homem sem nenhuma idade?
    A árvore e seu companheiro passaram a contar histórias em silêncio. As histórias eram tantas e tão antigas que saíram do tempo. Penetraram por uma imensa porta onde havia uma inscrição, com a mais antiga das palavras. Embora não conhecessem aquela linguagem dos primórdios, reconheceram o seu significado eterno: AGORA.

Só se sai do tempo quando se penetra nas coisas. Penetra-se as criaturas quando, estando totalmente presentes, deixa-se de existir e se é transportado de maneira integral até elas. Assim, os antigos diziam que para penetrar o espírito das criaturas é necessário que se deixe de existir, que se abandone tudo o que se é para se poder estar com elas. E então se lembrar de quando se era um com as coisas. Fazer isso é uma necessidade do espírito. Um espírito é a necessidade de se constituir enquanto tal. O espírito anseia por encontrar a si mesmo. E só se encontra quando, esquecendo-se, sai ao encontro do espírito que existe nas criaturas.

Conta-se que essa história se passou numa ocasião em que a morte, estando ocupada consigo mesma, não existiu por uns tempos. Pois também a morte só existe quando se ocupa das criaturas.

E, tendo o velho deixado de existir ao encontrar o espírito das coisas, tornou-se ele mesmo em espírito. Escapou assim da morte que até hoje vive a procurá-lo.

Todas essas coisas foram contadas por um velho, não tão velho como o primeiro, mas que aprendeu a escutar uma árvore contar histórias.

As pessoas têm medo do silêncio. Não querem aprender. Só se interessam em saber. Por ter estado o velho à sombra da árvore mais antiga e ter lá permanecido, as pessoas confundem sombras com espíritos e julgam encontrar a morte sob as árvores mais frondosas dos lugares ermos.

Desde esses tempos todo velho que aprendeu a escutar as árvores tem muitas histórias para contar. Todo mundo já viu alguma vez um velho em silêncio, debaixo de alguma árvore, fingindo que está cochilando. Pois é este o seu segredo. Está escutando histórias. A gente não vê, mas tem sempre um pouco de brisa passando por ali. Por isso de vez em quando uma folha se mexe. O vento que vem depois é a brisa indo embora depressa. O velho finge que acorda e vai embora também. Mas leva o coração cheio de histórias.

4

O terapeuta elefante*

"Nem tudo pode receber um nome. O significado de algumas coisas transcende as palavras. A arte pode inflamar até uma alma enregelada e levá-la a uma alta experiência espiritual. A arte nos proporciona às vezes — de maneira rápida e vaga — revelações que não podem ser fruto do pensamento racional."

A. Soljenítsin

"— Você me chamou com um suspiro de saudade. As pessoas pensam que só as palavras são mágicas. Mas não é verdade, não é, não é."

Janusz Korczak

Gostaria de falar à imaginação.

1 — A CONQUISTA DO SILÊNCIO

Do que me lembro depois é de uma vez que acordou sorumbático. Bufou pelos cantos, não saiu de casa e só depois do almoço destramelou. Aí estava bravo. E com força, com um brilho no olhar, começou devagar:

— E o que tem é que tem coisas das quais não se pode falar simplesmente. É necessário dar voltas, alçar vôos e falar por alegorias. É necessário ritual, palavras chaves e sincronismo.

— Paramenta um bocadinho, bota alguma vestimenta e você produz um místico...

— Você se engana, mistificar é falar dessas coisas simplesmente. Todo conteúdo fica de fora do seu falar simples. Está entendido, está explicado, e está vazio. Você pode sair pelo mundo aplicando

---

* Este artigo foi originalmente publicado no livro *As Psicoterapias Hoje*, volume 18 da coleção "Novas Buscas em Psicoterapia", obra com organização de Ieda Porchat, em 1982.

a formuleta. Ganhou um brinquedinho. Agora, do que se trata, ficou de fora. E você também ficou por fora. Reduzido a dois ou três truques de manivela.

— Talvez você prefira os dois ou três truques mistificolóides.
— Não, não. Não é isso. É que é verdade. Falar simples simplesmente não diz. É preciso recolhimento. É preciso penumbra! É preciso sugestão. Se se permanece no inteiramente claro, nada se pode insinuar. A luz fecunda o que vem do escuro. Tudo vem das trevas.
— Demonologias... Obscuridades.
— É mais do que certo que toda criação é oriunda da convivência com a obscuridade. Criativo é o crepúsculo. Se você não desce ao lusco-fusco, não trará nada à luz.
— Mas uma vez de volta, por que não falar claro e simples?
— Bem...
(Dou-lhe a pausa que necessita, pois estou intrigado.)
— Não é o que se fala que importa, é importante provocar ou pelo menos estimular esse lusco-fusco no outro.
— Você desviou de rumo. Não importa a gente ou o outro. Você estava falando das coisas do escuro. Será que não se pode falar delas às claras?
— Olha, vai te parecer confuso. Mas por ora é o que posso dizer. Há que não falar. Essas coisas se cultivam por outras vias. É preciso dedicar-lhes tempo e saber que elas estão fora do universo do discurso. Estão com os cães, os animais em geral, as plantas, as paisagens, estão em certos olhares, às vezes numa postura, num jeito de caminhar. Trata dessas coisas. E sobretudo não fala. Não indaga. Ou melhor, pode não fazer o mínimo sentido. Mas dessa convivência germinam coisas e é possível que se adquiram convicções profundas de origens ignoradas para o discurso.
— Mas isso tudo é muito perigoso. Lembra-me coisas terríveis. Períodos negros. Obscurantismo. Preconceitos e dogmas de origens não nomeadas. Justificativas para toda e qualquer bestialogia. É uma posição acrítica.
— Pois é. Sem tirar nem pôr. E caso te reste qualquer alternativa talvez seja melhor não entrares por estas brenhas. Se te sobra alguma crença na política, nas ciências, nas fenomenologias, ou mesmo nas psicanálises, aferra-te a elas. A antropologia, a história das religiões prometem sendas um pouco mais longas. Mas eu te asseguro. Vem o momento em que estarás te agarrando a elas. E só com mentiras poderás continuar. Se isso acontecer, começa a olhar os bichos e as paisagens. E certamente sobrevirão coexistências e todo o resto adquire algum sentido. Diferente. É uma grande peneira. Muita coisa se perde no ar.

— É... Para quem fica olhando essas coisas... E decerto se fica com cara de bobalhão...
— Vai, vai. Segue em frente. Continua falando difícil, com cara de espertalhão, usando arquipalavras para definir protoconceitos baseado em metafundamentos. Toma cuidado, apura teu vocabulário, pois vem de ser lançado um novo "Reparo às Críticas da Metalinguagem da Análise do Discurso" do outro, ou com o subtítulo: "Da Contestação da Alteridade", diria eu.
— O que te digo é que cada vez te tornas mais obscuro. No começo do papo não se podia falar às claras sobre certas coisas. Já agora que não se fale absolutamente...
— Imprescindível. E inadiável.
E saiu a passos rápidos para a cozinha. E eu, resoluto, a seguir-lhe os passos.
— Melodramático! Quasistérico!
Satisfeito, de costas, espera que o filtro encha o copo. Bebe, arrota e reconta:
— Na minha terra, o nome disso era prosápia. Falastronice. Gente sabida ficava quieta.

2 — TREMORES, AINDA ALGUNS RUÍDOS

Não obstante...
Disponho-me ao pecado duplo: escrever, não apenas falar. E, tendo iniciado desta forma e estando irremediavelmente comprometido com as palavras, convém que reconheça de início o seu valor para poder falar do que às palavras escapa.
Das palavras pouco há que falar. Há a palavra bendita. E a palavra maldita. A primeira realiza a função simbólica. No sentido etimológico do termo. Reúne, unifica, nomeia e coloca em movimento o que estava petrificado no acontecer psíquico. A segunda é diabólica; também no sentido etimológico, separa, divide, desune e desta maneira cristaliza, amarra e paralisa o acontecer psíquico. E aqui as palavras petrifica e cristaliza sugerem o inorgânico. Não biológico, muito menos psicológico, sem vida, morto.
Entre o simbólico e o diabólico situam-se a maioria das palavras. Certamente com doses variáveis de coisas interessantes, mas quanto ao que importa, falação em formidável maioria.
Não estou falando do discurso do cliente que se bem não seja o centro de minha atenção, muito embora aí eu me detenha freqüentemente, raramente me entedia e é, em última instância, a última

notícia que tenho dele. Quero dizer, é aí que posso obter referências do que andou acontecendo entre nós; é com que posso confrontar todas as minhas impressões; seja sob a forma de fantasias, sensações, emoções, percepções ou qualquer outro modo do meu acontecer.

A palavra como função simbólica do acontecer psíquico ocorre com pouca freqüência em psicoterapia, como de resto em qualquer situação. Menos vezes do que gostaríamos quando nos confrontamos com o sentimento petrificado que queremos re-solver. Acontece no momento adequado quando contamos com a sorte. E sorte aqui quase se escreve com maiúscula. Sobre ela, então, umas poucas palavras. Imagino que sorte seja sincronicidade: a co-incidência, o acontecer conjunto de processos paralelos independentes que criam a ocasião propícia para que algo suceda. E aqui me lembro de minhas origens junguianas e de meus passeios pela "Daseinsanálise".

Káiros, o tempo não cronológico. O tempo de crise, o tempo do sucesso. Quando penso na minha sorte e no meu suceder, quase sempre posso identificar o amadurecimento de processos internos independentes e sincrônicos com o amadurecimento de processos externos.

Também sei que o que está petrificado não está totalmente parado e que o que está em movimento pode ser uma fase e em última instância se estratificar em movimentos repetitivos. Ou, por outra, que é precário falar da palavra como sendo simbólica, diabólica ou falação. Sei que entrelaçada à falação está se exercendo a função simbólica, mais ao jeito de uma cocção lenta e contínua. O que ocorre é que poucas vezes sei o que está sendo realmente cozido, ou, quando sei, isso somente se confirma quando ocorre a palavra mágica.

Exatamente como nos contos de fada, onde a fórmula mágica produz o encantamento. E de repente alguém se transforma em pedra, em sapo, ou está condenado a viver um destino qualquer, normalmente infeliz, banido do seu próprio. Até que possa ser salvo pelo amor, pela bondade, pela coragem.

Tais contos de fada são a expressão sintética, a intuição com um nível muito alto de condensação, do acontecer psíquico. E como tal se constituem na chave hermética para a compreensão do trabalho terapêutico.

Não acredito que um problema psicológico se instale como por encanto a partir de um único fato traumático, a não ser em circunstâncias muito especiais. E mesmo isso supõe a existência de configurações anteriores que se desenvolveram muito lentamente. Ou, ainda, que esse fato seja persistentemente tratado com muita inadequação. Normalmente o que constitui o traumático do fato é uma inadequação anterior ou posterior, freqüentemente cultivada com dedicação e esforço pela pessoa ou por outros de quem essa pessoa depende ou dependeu. Há casos em que o esforço para manter um problema psicológico é maior do que o que seria necessário para resolvê-lo. Questão de inconsciência, de rigidez, de teimosia, de poder, de arbitrariedade consigo próprio e com os outros.

O terapeuta, embora descendente dos bruxos, das fadas, dos feiticeiros, não possui a palavra mágica. Mas pode — em ocasiões muito especiais — professá-la. Nesses momentos se abre o futuro.

Quero me dirigir para um outro tipo de lendas e contos de fada. Refiro-me ao dos tesouros escondidos e guardados por dragões, maus espíritos, animais ferozes ou qualquer outro tipo de ameaça. Também aqui se condensam fatos importantes do acontecer psíquico. Todo crescimento supõe risco. Pois consiste intrinsecamente na conquista de um espaço ampliado, constituído pelo não-familiar, pelo desconhecido. E, embora haja riscos absolutamente gratuitos que levam a lugar nenhum ou a cavernas vazias, às vezes sombrias, quando o desenvolvimento é feito na direção própria, na direção de si mesmo, há sempre a descoberta de coisas valiosas.

Freqüentemente empurrados pelo medo, preferimos criar nossos próprios demônios a correr o risco contido no crescimento. Preferimos afirmá-los a com eles nos depararmos. Esses demônios pessoais habitam sempre a proximidade daqueles recantos onde somos indefesos, onde existe dor e que poucas vezes trazemos à luz. Preferimos sustentar tais demônios como guardiães a desenvolver o que de pequeno e carente de suceder em nós existe.

Na estrutura básica da lenda do tesouro guardado por uma ameaça encontramos os elementos necessários para o crescimento. Firmeza de bons propósitos, coragem e a orientação de um guia que conhece o dragão, as tentações, os perigos e o tesouro a ser conquistado.

Em se tratando de terapia, o terapeuta deve ter identificado e dominado seus próprios demônios e conquistado suas próprias coisas valiosas. Ao paciente cabe firmeza de propósitos e coragem para perscrutar e conquistar a si mesmo.

E quanto à questão da palavra e de seu poder mágico? Podemos falar simples. Mas isso é hermético. Falamos da palavra diabólica no sentido de uma divisão que petrifica. Que divisão é essa? É simples e de novo hermético. Não posso falar do que sinto. Ou falo do que não posso sentir. Existe algo dentro de mim que me sufoca, acho que vou explodir. Ou estou vazio, a vida acontece aí fora, só consigo sentir falta, acho que vou sumir. Me faltam palavras ou me sobram palavras — e de que adiantam afinal?

A palavra simbólica consuma a reintegração. É o bisturi que permite jorrar para fora o que estava dentro, ou que permite entrar tudo o que se mantinha fora.

Quero desenvolver um pouco mais o paralelo entre ferimento físico e psíquico e outras lesões. Um exemplo inspirado na expressão popular: "Fulano é um casca-de-ferida." Isso se refere a que Fulano seja um grosseirão; um criador de casos que vive infernizando a vida de todos; é antipático, vive de ofensas e pouco se lhe dá; saco de os ombros, e que me importa. E, ao mesmo tempo, é absolutamente melindrado; de uma suscetibilidade invulgar! Um autêntico ofendido.

Pois fiquem sabendo que, quase com certeza, Fulano teve uma de duas histórias. Foi muito machucado, foi objeto de muita grosseria. Teve alguém de quem dependia, ou a quem estava submisso que era muito implicante e que descarregava em Fulano boa parte de suas frustrações. Fulano é alguém que foi magoado seguidamente. Vocês já viram um machucado que é injuriado seguidamente durante o processo de cicatrização? Com persistência suficiente? Ou, ainda mais condensado: Vocês sabem como se forma um calo?

A terapêutica? Firmeza e calma. E muita, muita delicadeza. E prepare-se: se for bem-sucedido, você vai se con-doer muito, pois há sofrimento e mágoas autênticos em profusão debaixo desse calo. E não existem anestésicos psíquicos. Ou, por outra, existem, mas são altamente tóxicos e produzem um tal estado de torpor que são absolutamente contra-indicados. Já os bálsamos devem ser utilizados em doses adequadas: compreensão, proximidade, suavidade. O mesmo com os fortificantes: reconhecimento dos aspectos de valor; autenticação do sofrimento e dos esforços verdadeiros que acompanham a eliminação de um calo psíquico.

Disse ainda agora que Fulano teria tido uma de duas histórias. Eis a segunda. Justamente o oposto. Fulano foi um mimado de primeira. Havia alguém, de quem Fulano dependia ou a quem estava submisso, que era o cúmulo da solicitude. Não podia Fulano sentir direito um desejo e já desmoronava em seu colo o que queria. Fulano tentou inclusive brigar, ser birrento, pedir e não aceitar, pôr na boca e cuspir, engolir e vomitar. Tudo para ver se conseguia estimular alguma resistência. Não adiantou. Pois "alguém" era muito tolerante e estava compensando em Fulano todas ou quase todas as suas frustrações.

E como é que duas histórias opostas produzem o mesmo Fulano-casca-de-ferida? Para começar, não são exatamente idênticos. E mesmo — reparem — as histórias não são opostas; os dois foram depositários de frustrações alheias, apenas de maneira inversa. E aqui ganham sobrenome. Fulano-mal-tratado é firme, pode ser bem-sucedido, embora infeliz. É fiel e defende com garras e dentes o que considera seu, uma idéia, um clube, um amigo, etc. Já Fulano-mimado é inseguro, não consegue segurar nada, pode estar sujeito a vômitos e diarréia, rejeita tudo, é volúvel. Não está satisfeito com nada. Pega uma idéia, larga. Começa um namoro, desfaz. E assim por diante. Mas Fulano-mimado tem um outro sobrenome. E falta um pedaço de sua história. Seu nome inteiro é Fulano-mimado-abandonado. Sim, porque foi abandonado! Porque "alguém" teve outro filho se era a mãe, arranjou um namorado se era a irmã mais velha meio desiludida. Não agüentou mais e foi morar com o outro irmão se era uma tia solteirona, resolveu a depressão e arrumou um emprego se era o pai há dois anos desempregado. Foi aí, nesse pedaço da história, que Fulano-mimado-abandonado começou a formar uma outra espécie de calo. Passou a sofrer a intolerância das outras pessoas por causa de suas manhas e provocações. Passou a ser agredido, uma vez perdido o protetor. E ele, que não aprendeu a ficar sozinho, não pode deixar de ficar perto de seus agressores. Mesmo porque necessitaria aprender a se relacionar com iguais.

A terapêutica? Delicadeza e calma. E muita, muita firmeza. E prepare-se: se for bem-sucedido, você vai se con-doer muito, pois há desamparo autêntico em profusão debaixo desse outro tipo de calo. E mais, você deve ter as suas ansiedades e angústias razoavelmente resolvidas para poder acompanhar e ir soltando devagarinho alguém que estará aprendendo a andar sozinho. Você tem alguma dúvida? Pois não tenha. A essas alturas, se você compreendeu direito tudo o que estava acontecendo (pois de outra forma não aconteceria), a essas alturas, dizia, existirá muito amor entre vocês. Muito amor verdadeiro. E você terá de ter resolvido pelo menos razoavelmente as questões do amor para não se confundir nessas paragens da travessia. Compreender que o amor é uma presença necessária para que uma relação entre duas pessoas possa ser fértil. Amor que ele leva com ele quando se for. Que não é seu, que não é dele. Que fica com você quando ele se for. Este amor circula por ANARAPA e os hindus contam que ele está em toda parte.

3 — ESCUTAR AS PEDRAS

Existem alguns tipos de tumores que começam a se desenvolver e que em seguida são encapsulados pelo organismo. Forma-se a seu redor um tecido fibroso que isola das áreas circundantes o desenvolvimento tumoral. Esse tecido fibroso é duro, pouco aquoso e pouco permeável, pois tem justamente a função de não permitir trocas entre os tecidos sãos e o tumoral.

Já temos à mão um dos elementos de nossa metáfora. Vamos ao próximo. De novo a expressão popular: Beltrano é duro e frio como uma pedra. É autoritário, eficiente, esperto, desconfiado e dissimulado. Quando se trata de sentimentos, é fechado, cético, e se for meio espremido contra a parede, cínico. Quero que se tenha presente também os dois contos de fada: aquele do tesouro guardado por uma ameaça e o outro em que alguém foi transformado em pedra.

Agora suponhamos: Beltrano tinha sete para oito anos, era um menino de constituição forte, como o é até hoje. Psicologicamente era razoavelmente sadio, embora de um ano para cá de vez em quando acordasse assustado. De dia às vezes sentia uma sensação de sufoco no peito, uma espécie de angústia, às vezes tinha um dor que vinha e passava logo. Aliás, tudo passava logo. Se bem que parece que havia algo cheirando no ar lá em casa. Mas não sabia. Também, ficava o dia todo fora de casa. Estava brincando ou na escola. De repente estourou a maior bomba.

Mamãe traía papai. Papai ficou sabendo. Foi um bafafá. Beltrano sentiu-se profundamente ferido. Gostava da mamãe. Papai era meio ídolo e era legal pacas andar a cavalo com ele. A ferida de Beltrano? Ninguém viu, ou pouco notaram. Também era tanta a confusão! Briga pra cá, briga pra lá. Papai saía mais, chegava tarde. Parece que andou chegando bêbado algumas vezes. Mamãe ficou doente. Depois sarou. Depois de uns meses papai queria se separar. Ficou dois meses fora de casa. Voltou. Daí a três anos nasceu mais uma irmã. As coisas aí parece que se ajeitavam. Separaram-se mesmo quando a irmã tinha quatro anos. Beltrano, quando o rolo estourou, de vez em quando acordava chorando. Chorou por uns tempos. Perdeu o ano seguinte na escola. Parece que andava meio nervoso. Andava brigando muito. Mas gostava de esportes. E voltou a ir razoavelmente na escola.

Beltrano procurou terapia aos trinta e cinco anos. Um amigo estava fazendo e estava gostando muito. Beltrano tinha paquerado umas psicólogas desquitadas e elas também achavam que valia a pena. Marcou hora com a terapeuta do amigo. Foi. A mulher era seriíssima. Escutou boa parte do tempo. Falou umas poucas coisas muito verdadeiras a respeito de Beltrano. Disse que terapia às vezes dá certo e que, se ele quisesse, deveria tentar. Ela era agradável, inspirava confiança. Talvez gostasse de fazer com ela. Não, você precisa de um terapeuta-elefante. Que mulher engraçada! Depois das risadas, voltou a insistir: — Por quê? Eu quero fazer com você. — Não, você precisa de um terapeuta-elefante. — Por quê? — Porque um terapeuta-elefante tem orelhas grandes e ouve muito bem. Porque um elefante é muito forte e muito tranqüilo. — Por que você acha que eu preciso de um terapeuta-elefante? Você acha que eu falo muito? Você acha que eu sou difícil de agüentar? — Não, primeiro eu não acho, eu sei. Depois, não acho que você fala muito. Seu terapeuta é que precisa escutar muito bem. E, quanto a ser forte, você vai precisar. Como é que eu sei? Não adianta explicar.

O terapeuta-elefante era leal, bonachão, muito tranqüilo. Escutou que Beltrano era mulherengo. Estava bem no trabalho, embora fosse meio briguento. Beltrano contou que havia uns dois meses tinha sentido umas dores no peito, que fora ao médico, daí ao cardiologista, mas que estava tudo bem. Que voltasse a fazer esportes, pois já tinha dobrado os trinta, e que lhe faria bem, de qualquer forma. Contou que tinha pensado em se casar, mas que mudara de idéia. Gostava mesmo é de farra. E, depois, que tinha se apaixonado só uma vez. Tinha então quinze para dezesseis. Mas que não deu, que brigavam muito. Ele sentia ciúmes. Era meio violento. Em outra sessão estava falando da mãe. De repente ficou bravo, quase brigou com o terapeuta, mas o terapeuta-elefante era forte, tranqüilo e bonachão. Por essa ocasião voltou a sentir dores no peito e angústias mais fortes. Uma noite, acordou assustado. Voltou a falar da mãe. Outro dia, voltou a falar da namorada dos quinze anos.

Durante esse tempo todo, o terapeuta-elefante muito escutou, de vez em quando uma pergunta. Beltrano um dia chegou excitado. Tinha sonhado. Há muito não lembrava de sonhos. Sabia que sonhava ou tinha essa impressão. Mas não conseguia lembrar. Sonhara com um elefante grande que estava sob umas árvores, abanando calmamente as orelhas. Era só isso. Mas que se sentira muito contente vendo o elefante. Perguntado sobre como era estar contente vendo o elefante, respondeu que gostava imensamente da presença forte do elefante. E que suas orelhas abanando lhe transmitiam a sensação de muita tranqüilidade. Nessa sessão lembrou-se do início da terapia. E também da terapeuta do amigo.

Algumas sessões depois estava falando da mãe, e o terapeuta-elefante parou de abanar as orelhas, prestando muita atenção, sentindo que havia algo a ser escutado. Beltrano começou a ficar bravo, mas sossegou, pois aprendera a confiar no terapeuta-elefante. Este lhe perguntou se sabia dizer exatamente o que ocorrera imediatamente antes de ficar bravo. Beltrano se concentrou, procurou intensamente refazer o que se passara consigo, estava falando da mãe, estava refazendo uma frase. E de novo o terapeuta-elefante entrou em alerta como se houvera o que escutar. Nesse momento Beltrano diz que é como se de repente fosse escutar um grande barulho, um estrondo, uma explosão ou sei lá.

Durante as sessões seguintes, mais freqüentemente o terapeuta-elefante parava de abanar as orelhas e intensamente escutava. Como se houvera o que escutar. Por essa ocasião Beltrano andava extremamente inquieto. Havia muito desespero no ar. Um dia chegou muito transtornado e contou que tinha tido um pesadelo horrível. Contou que havia uma montanha cheia de pedras. E que perto dela havia uma casa. E que de repente, com um estrondo terrível, as pedras começaram a desmoronar e a cair sobre a casa. Acordara com uma sensação de terror. E que isso mexera muito com ele. E que desde então estava desesperado. Que, durante o dia, várias vezes tentara imaginar uma solução para a situação. Voltara à casa sob as pedras, tentando resgatar as pessoas. Imaginava que as pedras tinham caído em outro lugar. Mas que nada disso resolvera.

O terapeuta-elefante pediu-lhe que tentasse voltar ao sonho mesmo. E que novamente o percorresse lentamente e com muita atenção.

Beltrano, exausto, muito devagar, voltou ao sonho, foi contando, o estrondo, as pedras caindo, a casa, e de repente sentiu uma forte dor no peito e começou a chorar intensamente. Quando foi possível continuar, falou:

— É como se um pedaço de pedra tivesse entrado em meu peito e ferido meu coração. E voltou a chorar durante muito tempo.

Quando levantou os olhos viu o terapeuta-elefante abanando as orelhas e balançando o enorme corpanzil. Sentiu o mesmo contentamento do sonho anterior. E depois uma tranqüilidade imensa. Lembrou-se da terapeuta do amigo. E pela primeira vez depois de muitos anos sentiu seu coração batendo no peito.

Talvez exista* uma lenda, em algum lugar da África, contando que os elefantes sabem escutar as pedras, e que inclusive sabem identificar no meio de um monte de pedregulhos em qual deles está preso um menininho. Podemos procurá-la.

---

* Não fosse por escrito, seria uma pequena escultura em pedra. Escutar as pedras é fruto do desejo de re-ferir uma possibilidade entre humanos: a função da cura.

5

Os olhos do macaco

Sempre me impressionou muito o fato de que toda mulher, por bonita que seja, tenha problemas com alguma parte de seu próprio corpo. Que a mulher, tão mais terra, tão mais próxima dos sentimentos e das sensações, tenha para com seu próprio corpo um olhar tão crítico, um olhar cruel, rigoroso e frio que a congela e objetifica como um pedaço de carne absolutamente desprezível sem a mínima possibilidade de amor.

Quem possui um pouco de imaginação, e qualquer possibilidade de empatia, não desejaria a ninguém estar sob o olhar com que as mulheres às vezes se olham no espelho. É como se elas estivessem sob o olhar perverso da inveja de todas as bruxas. Isso me produz uma espécie de revolta. Uma espécie de indignação. Pois é profundamente injusto condenar tão impiedosamente alguém a esse destino de desamor.

Nunca pude compreender direito o fato. E toda cientificidade das explicações psicológicas redunda em fragorosa derrota diante desse sentimento. Diante do que não me restou alternativa a não ser recorrer à antiga e boa forma de expressar e entender o que se passa através de pequenas histórias.

O que se segue está inserido na tradição das histórias do tempo em que os bichos falavam e os humanos participavam das grandiosas festas que aconteciam no céu.

* * *

Conta esta história que o macaco queria muito namorar com uma mulher. Ficava em cima do muro, escolhendo, escolhendo, sem na verdade juntar coragem para se dirigir a nenhuma delas. Cobiçava, cobiçava e nada. Dava tratos à bola, voltava a olhar e não se decidia. Um dia ficou sabendo que haveria uma festa no céu. Sem saber direito ainda o que faria, viu nisto a sua oportunidade. E começou a agir. Para cada mulher que passava dava a notícia:

— Então, você já ouviu contar? Vai haver uma grande festa no céu. Com tudo o que há de mais bonito! Os preparativos começaram há mais de um mês e ainda faltam vinte dias para a festa. Vai ser um grande acontecimento.

— Não diga, macaco! Que coisa mais legal!

— Só que eu ouvi dizer que as mulheres não podem entrar.

— Ora, macaco, então você só desperta a vontade da gente ir, já sabendo que não será possível. Isso está me parecendo malvadeza!

— Não! Eu sou amigo do porteiro do céu. Darei um jeito. E quem for comigo certamente entrará na festa.

E assim o macaco combinou com todas as mulheres que ou fossem junto com ele ou o esperassem na porta do céu. No dia marcado de fato lá se foi o macaco. Acompanhado por muitas mulheres. Lá chegando, havia também várias outras que estavam esperando por ele para poderem entrar. O macaco entrou, confabulou com o porteiro por uns minutos e voltou com a solução. Que podia entrar no céu, podia. Mas o que não podia era entrar com o corpo. E que ele tinha arranjado um jeito. Que como ele era amigo do porteiro, e lá no céu era tudo muito organizado, tinha um lugar especial para estes casos. E de fato. O macaco encaminhou todo mundo para um depósito muito asseado onde havia um lugar para cada coisa. Aqui se penduravam os cabelos. Ali se guardavam os olhos, mais adiante se deixavam os seios, e assim por diante. E lá se foram todas para a festa. Passado algum tempo, estando todos muito encantados e ocupados com a festa, disfarçou o macaco e, como quem não quer nada, foi se aproximando da porta do depósito onde haviam sido deixados os corpos das mulheres. Entrou pé ante pé e com uma vela começou a examinar tudo o que estava ali. Seus olhos se arregalavam cada vez mais. Um pouco por cobiça, um pouco por medo. É verdade também que estava meio escuro e também por isso tentava o macaco abrir bem os olhos para enxergar melhor. De repente, não se sabe direito como, um pingo da vela caiu no pé do macaco. Este levou o maior susto, como vocês podem imaginar. Os seus olhos, que estavam arregalados, saltaram para fora e o macaco sem poder enxergar direito deu um berro. Ao se dar conta de que tinha berrado, com medo de que toda a sua artimanha fosse descoberta, o macaco, sem olhos para enxergar, saiu gritando para disfarçar:

— Fogo! Fogo! Pegou fogo no céu!

E foi aquele corre-corre que vocês podem imaginar. Todo mundo saiu correndo na maior afobação. E cada mulher catou o que pôde. Sem nem mesmo poder examinar direito se aquilo que estava levando era seu. Já o macaco, todo envergonhado, fugiu e nunca mais foi visto por aquelas bandas. Conta-se então que ele às vezes aparece quando as mulheres estão na frente do espelho, e por isso elas se olham, sem saber, com os olhos do macaco. Parece ser este o motivo também pelo qual quando uma mulher encontra com a outra muitas vezes ela pensa que a outra está com o seu nariz, com a boca que ela gostaria de ter ou com a cintura que deveria lhe pertencer.

Por fim, se ficou sabendo que o macaco nem era amigo do porteiro do céu coisa nenhuma. E também que nunca foi proibido que as mulheres entrassem no céu ou que para isso precisassem abdicar de seu corpo. Que o que aconteceu é que ele se apresentou dizendo que vinha muito humildemente solicitar um lugar para que as mulheres pudessem guardar as coisas mais valiosas que tinham trazido mais para o final da festa. São Pedro, coitado, estava tão ocupado naquela noite e andara tão atarefado nos últimos dias com os preparativos que mal escutou o que o macaco dizia. Simplesmente indicou o lugar onde poderiam ser guardados em segurança os valiosos pertences de tão ilustres convidadas. Na verdade, quem nunca deveria ter entrado nesta festa não é coisa difícil de se adivinhar.

6

Anima, Animus

"...Amor é coragens."
Soropita em *Dãolalalão*,
de Guimarães Rosa

Que um para amar tem que se desfazer de seus medos; de seus poderes; deixar de querer dominar, abandonar descrenças, esquecer do que acredita. E adentrar por um caminho que não existe.

(CLAVE DE FÁ, DÓ SUSTENIDO MENOR)

Apenas sentou-se a seu lado. E perguntou: — E você, quem é?
— Bem, que tal se lhe falasse de minhas buscas?
— Sim. Seria ótimo conhecê-la por suas buscas. Talvez seja o que de mais importante uma pessoa tenha. As suas buscas, aquilo que procura. As suas faltas. Suas sementes incultas. As suas realidades apenas sonhadas. O seu norte. Os seus desejos ainda sem nome. Sim, gostaria muito de conhecê-la assim.
Ela olhou bem para ele. No fundo dos olhos.
— Será que já não nos conhecemos? Você fala. E o que você fala, fala de mim e cala tão fundo que eu não saberia dizer. E mais, você é mago ou o quê? Isto que ainda agora falou. De coisas sem nome. É uma de minhas buscas. De minhas paixões talvez a mais absurda. Uma sede, uma falta. Uma dor que tantas vezes me enfurece. O nome. Aquilo que em mim não sei dizer. Eu já te conheço? Você fala como se soubesse. Como se soubesse de mim. De minhas buscas. Das que sei e das que busco sem saber. Me diga: quem é você?
— Não, não sou mago. Apenas que por afinidades, de encanto, de dores e aventuras, em meu coração às vezes se hospeda um

poeta. Padeço de um coração hospitaleiro. E você sabe, um poeta é sempre generoso. De modos que em suas visitas me retribui a hospitalidade sendo meu guia. Ao meu coração empresta olhos e ouvidos. Para que possa ver e ouvir com o coração... Empresta-me também suas palavras que como braços colhem no mundo toda beleza que conseguem alcançar... E você bem sabe o alcance das palavras de um poeta. Atravessam séculos. Palavras que ecoam. Transportam deuses. Preenchem abismos. Palavras balsâmicas que cessam feridas. Palavras oceânicas que em vagalhões se projetam nas alturas, no furor das tempestades. Palavras no cio lançadas ao vento. As pirações do peito do poeta. No cálice de um beijo a poção do hálito de musa. A palavra grito. Como mãos habilíssimas de uma pianista. A dedilhar o dicionário inteiro do imaginário... Assim musa toca no poeta a musicalidade do mundo. A qualidade musa que a tudo impregna. A musalidade mesma que se apodera do mundo. E que possui o poeta. E que o faz, em lágrimas, verter a profusão dos sentidos, ao parir a prenhez de significados que as palavras concebem.

— Ei meu! Você endoideceu? Me esqueceu aqui? Do lado de fora? E alçou vôo? E ardeu nas alturas do fogo desta pira? E pirou?

— Perdão, sim, perdão! Mas não, não te esqueci. Não poderia. Apenas me acometeu este pecado. Sim, fui acometido. A sina da luz que há em teu olhar. O teu olhar me alucina. E em meu olhar te alucino em toda parte. O mundo se impregna de ti e se torna belo. E a beleza se torna dor. Se o mundo todo é possuído por tua beleza. E a ti eu não possa possuir.

— Poeta, meu poeta pirado. Louco, absurdo e delirante! Não tivesse eu te inspirado. Não soubesse eu tão bem do que se trata! Todos te amarão. E viverão, poeta, a tua dor ou alegria. Tu como ninguém dedilhas os acordes da sensibilidade. Mas ninguém, poeta, como eu partilha da tua dor ou vive a tua alegria. Que outra carne arderia o teu ardor. Que outro corpo banharias em tuas lágrimas, com teu suor? Não, poeta, em mim se inscreve o teu destino. Meu corpo te abriga e a tudo que em ti, se apenas teu, seria puro desatino. Não, poeta. Ou musa eu não seria. Não fosse meu ventre um repouso entre teus vôos... Não fossem meus vales desaguadouro sereno de tuas águas. O retorno a terra de outras plagas porque viajas. E quando, deitada ao teu lado, inebriada, sorvo das essências embaladas em teu espírito, em cálice me transmuta esta bebida de deuses. E alada me transporto neste brinde erguido à vida.

— Musa! Um instante, musa. Me espera. E me ouça. Me sinto tão pequeno! E tenho tanto medo! Neste momento não tenho pele. Acolhe, musa, meu pranto em teus cabelos. Em teu peito deixe que se aninhe este pássaro assustadiço... Que pelos ares se lançou em tua busca. E neste momento sabe que te encontrou.

— Poeta! Meu poeta pirado! Louco, absurdo e delirante! O que foi agora? Não me teres faz doer tua beleza solitária. Bem... Mas me teres te amedronta. E desfaz a tua pele. Por que, poeta, por quê? Por que me amedrontas com tais medos? Possa ao menos honorável pássaro assustadiço conceder-me o nome desta sina?

— Sim, perdão, musa, encantadora companheira de folguedos pelos bosques. Mas, se aos céus ousa o poeta em seus vôos, claro sente-se pequeno junto aos deuses. E se a te buscar existe grandeza em meus vôos, maior é a graça de voares junto a mim. Quero que me entendas. Sonhar me fez buscar-te. Encontrar-te me faz sonhar. Agora, que eu te tenha, me expõe ao risco de perder-te. Me faz sentir. A falta que vivi. De quanto te sonhei. Nos meus sonhos mais lindos. Nos meus sonhos mais ousados. Me exponho frágil... Apenas por ter te desejado tão linda! Tão generosa. Tu, musa, foste concebida nos meus momentos de coragem. Quando meu coração transbordante concebia o mundo todo em alegria. E eu me sentia um desejo forte. De ser sempre o melhor de mim. Por merecer as tuas melhores qualidades. Ao te encontrar me pergunto: Terá sido sábio? Ter desejado tanto? Ter sonhado tanto? A que nos expus? Seremos mais que pálidos reflexos das coisas que ousamos? Estarei à altura de meus melhores sonhos?

— Ah! Poeta! Sim, vamos em busca deste sonho. O de sermos o melhor de nós mesmos! Também eu, poeta, às vezes me sinto pequena diante de meus sonhos. Vai, poeta! Conquista o mundo! Povoa de sonhos a realidade! Cria as cores do futuro. Ousa em teus sonhos. E se acaso te adiantares de mim, se ousares mais ou antes, apenas me espera. Estarei seguindo teus vôos de beleza. E, se acaso recuares, estarei junto a ti. Armarei a tua tenda. E o repouso que te impeça de descrer. Avante, poeta! Menino louco! Absurdo e delirante! Meu corpo te acolhe. E a tudo o que em ti, se apenas teu, seria puro desatino. Não poeta, em mim se inscreve o teu destino. Chegaste, poeta. Ao meu coração... Com sonhos que aconchegaste... Se com eles queres me vestir... Me lisonjeias. Me sinto amada. Também eu sonhei, poeta! E te desejo. Como o corpo de meus sonhos. Como o abrigo de meus desejos. O meu destino. E se nu, louco menino, pássaro assustadiço, se até sem pele a mim te mostras... Te acolho. Aqui me tens. Como o corpo de teus sonhos. Pronta a com eles me vestir. Também eu sonhei, poeta. Sonhos diversos. Vários... Diferentes. E te desejo cúmplice. Guardião de meus segredos. Entendedor de meus silêncios. Pronto a comigo percorrer por labirintos. A visitar os prados. Os vales, os rios e as montanhas.

— Ah, musa! Será que adivinhas? Que apenas por me honrares com teus sonhos... e te vestires com os meus... Apenas por isto já selaste a minha sorte. Fazes de mim um poeta de verdade. Que devolve ao mundo os seus sonhos. Nascidos do coração. Quais canções semeadas aos ventos a despertar outros sonhos. Tornamo-nos, musa, a encarnação da palavra. Emprestamos corpo à palavra sonho. Sonhamos significados para a palavra amor. Revivificamos o mito. Revelamos um ao outro. Iluminamos o que tem mais valor. Em si mesmo. Para o outro. No outro, em si mesmo. Musa, vês? O que revelamos? Ao velarmos verdades eternas? Que as almas habitam nos corações? E ali devam ser acolhidas? E o de que se alimentam as almas? Beleza, amor... De querer no mais fundo de si mesmo, dar o melhor de si? O si mesmo para o outro? Musa! Vês? Que o amor é loucura? A única que faz sentido? Que vale a pena? A única capaz de nos despertar. No desejo de nos fazermos melhores?

— Musa... Dói em mim a dor de renascer. E na carne reviver os anseios da alma. Redespertar sonhos antigos. E contigo neles mergulhar. Desejar-te inteira. E acreditar. Na possibilidade de voarmos. Por estarmos juntos. Em devaneio. E repousarmos. Apenas nos olharmos felizes. Por estarmos juntos. Ao percebermos cada um que o outro está feliz. Alma leve. Olhos embaçados, sermos visitados pelos dragões da sorte. Rodeados por espíritos das florestas. Por pássaros e pequenos animais. Por deuses antigos e outras entidades. Que imponente o desfile das musas! Que encantado o olhar dos poetas! E surpreendermo-nos com a vastidão da alma! Juntos viajarmos na imersão dos líquidos...

— Poeta, repousa em meu amor. Vem... Sorver da ternura que me inspiras.

7

Campo de Sonhos

— Quem é você?
— Apenas se me amares saberás.
— Quero te encontrar.
— Apenas se amares me encontrarás.
— Quero te conhecer.
— Apenas se me amares conhecerás.
— Quero te possuir.
— Apenas se me amares serei teu.
— Te quero por inteiro, de verdade.
— Serei teu como o amor que me tiveres.
— Te quero para mim.
— Não posso ser teu. Serei, sim, do amor que me tiveres.
— Quero ser tua.
— Não posso te possuir. Terei sempre o amor que me ofertares.
— Tenho medo de me perder.
— Apenas no amor a gente se encontra. Estarei por perto. Te aguardarei. Terei sempre um raminho de esperança.
— Quero te sentir por inteiro.
— Apenas o amor desabrocha tais sensores.
— Quero que me ames de verdade.
— Entre nós não existe outra possibilidade.
— Mas sei que me amas, sim... Reconheço em mim o que amas.
— Não posso fazer com que me ames. Não posso fazer sem que me ames.
— Mas vejo em teus olhos. És livre. E viajas tão alto pelo amor.
— Estou preso a teu amor. Apenas com ele serei livre.
— Quero libertar o meu amor.
— Tanto sonhei. Quantas noites por ele. Quantas noites por ele adormecido.

— Quero despertar o meu amor.
— Amar é despertar. E mergulhar num sonho.
— Sonhei com você.
— Amar é cuidar de um sonho.
— Sonhei que me dizias estarmos protegidos.
— Somente o amor nos protege.
— Sonhei que descíamos uma escadaria. Que de repente acabou. E havia um degrau maior. Que tu desceste. E já preparavas uma viagem. Conversavas com um menino. Que te ajudava nos preparativos. Apenas ousei olhar. Para onde iríamos. Havia um campo. Muito amplo. Muito plano.
— Um campo de sonhos?
— Sim, um campo de meus sonhos. Quero desenhá-lo para te mostrar.
— Talvez eu venha a amá-lo. Me conduzirias ao campo de teus sonhos?
— No meu sonho, eras tu que me conduzias. Empunhavas o leme. Te norteava o amor.
— Amarei o campo de teus sonhos. Se a eles me conduzires. Também te conduzirei ao campo de meus sonhos. Se a eles quiseres cultivar.
— Poderemos cultivar dois campos?
— Dois não são, apenas por eles uma estrada permeia.
— Uma estrada delineada por sonhos? Quero percorrê-la.
— Somente se estivermos juntos, ela se delineia.
— Era tão interessante, descemos por um caminho acidentado. Havia um último degrau. Eu ainda não tinha saltado. Era um pouco mais alto. Não muito. E depois vinha esta estrada que conduzia ao campo. E o menino, quem seria? Este que te ajudava nos preparativos.
— Um anjo talvez. Um guia. O guardador do campo dos sonhos.

Exagero

Seu estilo era o exagero. Jamais ousou a sutileza. Sem nunca compreender, sofreu regularmente os espasmos, as cólicas, as agruras dos esforços de re-encolhimento que se produziam em seu ser. Não houve quem conseguisse lhe explicar ser esta uma luta contra a flacidez prematura, uma defesa saudável da plasticidade vastíssima, porém delicada, do ser. Exagerou no terror que sentia ao vazio. E se inflava, se inflava até perder o fôlego. Aí deprimia. Encolhimento espontâneo do ser em busca de consistência. O seu vazio. Resultado do distanciamento de si mesmo. Atento se traía. Apenas distraído existia. E raramente. Louco desembalado, os desejos nunca livres, sempre atrelados a fantasias. Ventava com fôlegos que não tinha. Desconheceu a fecundidade perfumada da brisa. E a gravidez da calmaria. Carecia de substância. Pois sua voracidade impediu a descoberta das qualidades regeneradoras da quietude. Nunca se deu sossego. Vivia fustigado pelo látego das intenções. Sobretudo as imaginárias. Re-mordia-se em frustrações.

 De modos que quando consultado o avô-de-santo refletiu e receitou um remédio simples, comezinho mas absurdamente difícil.

 Uma hora diária de reflexão sobre o sentido de uma única palavra: aquietar-se.

 E que voltasse dentro de um mês.

9

O pássaro de bico afiado

Conta-se que o marido de Sherazade, disposto a morrer por ter descoberto que sua mulher e rainha lhe fora infiel, acabou sendo convencido por seu amado irmão de que deveriam sair pelo mundo em busca de alguém que fosse mais infeliz do que ele. No que, segundo a mesma história conta, foram bem-sucedidos. Por achar um gigante adormecido debaixo de uma grande árvore, a quem a mulher, apesar de acorrentada, sempre traía, assim que ele pegava no sono. Esta mulher, poderosa e triste, ameaçava os passantes de acordar o gigante se não a possuíssem, mesmo a contragosto, para que ela pudesse traí-lo. Em seguida, exigia que seus amantes lhe dessem como troféu um de seus anéis. Guardava tais anéis num cordão, com o que ia formando um grande colar. Mas não usava tal colar a não ser para se vangloriar junto a seus forçados amantes. E depois os mandava seguir.

Claro está que, depois de encontrar tal tragédia, o futuro marido de Sherazade não se sentiu mais o mais infeliz dos homens. (Entendeu que fosse o gigante. Entendeu mal, ao que parece. Pois foi incapaz de entender aquela mulher.) Desistiu de morrer e resolveu que mataria cada uma de suas mulheres antes de dormir. Na própria noite de núpcias. Do que se livrou Sherazade e a todas as outras mulheres daquele reino, com seu talento e inteligência, na arte de contar histórias.

Ao que me consta, não se soube do final da história do gigante e de sua infeliz mulher. Eis o que me encontro na obrigação de vos contar, pois assim me ordenou um pássaro de olhos muito vivos e bico afiado e muito falante:

Mal foram embora os dois irmãos, a mulher escutou um barulho. Desconhecido. A verdade era que, sem que se soubesse, todos esses acontecimentos haviam se passado debaixo de uma velha árvore, muito antiga e que muito já vivera e conhecia os segredos do mundo. Assim que há muito, também abrigava num dos inúmeros buracos de seu tronco um pássaro de olhos brilhantes e bico assaz afiado e falante.

— Que triste, senhora, a história de vossos anéis. Pois que não vos foram dados. Mas obtidos sob ameaça. Não vos libertam decerto. E como eles, presos neste rosário, bem vejo que vos encontrais. Aprisionada em uma corrente de traições. Será que de vosso senhor apenas pudestes obter isto, de ameaçardes aos outros? E só com ameaças seríeis capaz de obter aquilo de que vos vangloriais? É triste, na verdade, o motivo de vosso orgulho. Pois que neste caso foram-se os dedos e ficam-vos apenas os anéis. Troféus de vossa vingança. De que sois, bem sabeis, a única que permanece vítima. Afora o susto, por certo, de vós já se esqueceram os donos desses anéis. Contentes também de escapar com vida, da crueldade que a vossos olhos e pela vossa boca se imputa a vosso marido. De quem não se pode dizer tampouco que tenha um sono tranqüilo.

O rosto, antes de uma beleza gelada, dessa mulher cujo único poder era permanecer presa à própria vingança, de repente ganhou vida. Como a que irrompe de um vulcão. Um calor horrível lhe assolou as faces. E todas as chamas de seu ódio se incendiaram pelo rosto. Os séculos passaram por aqueles esgares. E, depois de um breve tempo, uma dor imensa tomou conta de todo o seu ser. Milênios rolaram naqueles momentos. Tão imensa na verdade era aquela dor, que durante aquele breve instante nada mais se passara no mundo. Tudo se paralisara. Para que aquela dor pudesse passar. Então, tão devagar como renasce o dia, foram brotando em seus olhos, as lágrimas de uma tristeza, tão pura, que de cada gota nascia um novo sol. O sol de cada dia. Dos dias em que não vivera. Em que aprisionada, com seu ódio, vitoriosa, só conhecera o brilho do orgulho. E mergulhada permanecera num mar de mentiras. Na imensa mentira de seus medos. E no terror em que vivera, vítima e algoz, de seu próprio marido. As lágrimas escorriam como os dias. Os dias do degelo da primavera. Lágrimas quentes. Em cujo calor foi aos poucos se aquecendo seu coração.

Esteve tão a fundo vivendo tudo isso que nem conta se dera do que a seu lado acontecera. Suas lágrimas foram molhando seu marido. Em banho tão puro e verdadeiro, o gigante adormecido foi, ainda em sono, passando por enorme transformação. E, quando ela ergueu os olhos, a seu lado jazia, ao invés do gigante, um moço muito formoso e gentil em seu sono. E para maior surpresa também se derretera aquela horrível corrente. Mas não quis fugir. Por maior que fosse o seu espanto, certificou-se de não fazer nenhum barulho. Pois não queria de modo algum que ele acordasse naquele momento. Queria antes poder examinar bem devagar a beleza daquele semblante. E ter certeza de que aquilo tudo era verdade. Foi aos poucos reconhecendo naquele rosto toda a beleza dos dias em que não tinham estado juntos. Mas apenas aprisionados por aquela corrente. Cada um atado a uma extremidade. Foi podendo então perceber a beleza que havia em viver ao lado de alguém. Mesmo que fosse dormindo, como era sereno aquele semblante. Pôde resgatar tudo o que perdido estivera em seu pesadelo. Não lhe importava nem um pouco esse tempo em que na verdade não existira. Pois era tão novo tudo o que estava a viver, e tanto havia ainda por descobrir, e tudo se passara há tanto tempo que nem mesmo sabia mais se tudo aquilo de fato existira.

O moço se mexeu a seu lado. Ela se assustou um pouco. O moço sorriu, continuando a dormir. Sem poder resistir, ela, com todo o cuidado do mundo, ergueu a cabeça dele bem devagar e deixou que pousasse em seu colo. Ainda dormindo, o moço voltou a sorrir. Com um sorriso daqueles que grudam na alma de quem os recebe. Ela pensou que ele talvez estivesse sonhando. Ou, quem sabe, se ela própria não estaria sonhando. E desejou que ele jamais acordasse.

Ele abriu os olhos devagar. Ela estremeceu. Por um instante... Meu Deus, e eu como estarei... o meu rosto, com que se parecerá? Ele sorriu-lhe. E no sorriso dele, ela pôde vislumbrar o seu próprio rosto. Seu rosto despertara aquele sorriso. Haveria de ser tão belo quanto o sorriso. De novo o mundo inteiro parou. Não havendo o que mais pudesse existir, além daquele sorriso.

O moço apenas murmurou:

— Estive sonhando... Foi primeiro um grande e enorme pesadelo. E depois um sonho muito doce. Não me recordo. Acordou-me a doçura.

— E eu, estarei sonhando ou apenas agora desperto?

E o mundo pôde seguir. Tendo eles de novo mergulhado em sorrisos.

Não se sabe ao certo em quanto tempo isso tudo se passou. Mas o certo mesmo é que o pássaro olhou satisfeito para o casal de velhos que de mãos dadas se afastava pela estrada que passava por aquele lugar. E sem pestanejar voltou a alisar as penas de suas asas brilhantes com seu bico afiado e bem falante.

10

Sob as árvores uma tarde

Um dia parei para escutar o que dizia o silêncio. É difícil escutar o silêncio. Ele está em toda parte. Mas o mundo é tão cheio de pensamentos! E a atividade preferida dos pensamentos é ensurdecer. Bem, uma tarde encontrei o silêncio. E a alma apurada comecei a escutar.
    Ele começou dizendo que a verdade é muito grande. E seguiu. Disse que a verdade é maior que a morte. É muito maior que a dor. É até mesmo maior que o tempo que anda sempre à sua procura. Ela é tão grande, me disse, que transborda do coração dos puros. Somente a beleza consegue conter a verdade. Por isso o momento de beleza é o único que consegue deter o tempo. O tempo que vive buscando a verdade. Quem consegue hospedar a verdade, me disse, de repente encontra a paz. E se caminharmos com a verdade, nos acompanha a harmonia. Seguindo as transformações da harmonia, cruza-se o tempo todo com a quietude. A quietude. O disfarce da beleza.
    E então o silêncio se escondeu no canto dos pássaros. Nas asas deste mesmo canto retornei para a tarde. E a tarde me envolveu com seu vermelho. Um vermelho interrompido pelo verde nas árvores de um morro. Árvores cheias de pássaros. E o morro abrigava uma estrada. Uma estrada preguiçosa, que subia o morro sem pressa. Ensaiando suavidade pelas curvas. De repente, experimentava a intensidade de uma curva insinuante. E por momentos se rendia numa quase reta. As pessoas se cruzavam por essa estrada trocando cumprimentos gentis. Algumas mais ligeiras, por serem atenciosas, diminuíam o passo ao cruzarem com outras. Umas voltando, outras à procura, outras ainda evitando, mas todas às voltas com o silêncio.

SEGUNDA PARTE

POEMAS PSI

Mãe

I

Receberás em teu ventre
Uma tocha tremeluzindo
Como os deuses vinda do Olimpo
Que ao chegar se imantará
Deixando-te em comoção

Tua graça de bailarina hibernará por nove luas
Pois de ti se apoderou u'moutra graça
Que te fará lisa
Redonda e luminosa
Como a luz do plenilúnio

A tua natureza se fazendo generosa
Fará de teu sangue
Um outro sangue
De teu ser
Um outro ser

Não mais serás a mesma
Doravante dividida, verás
Tua cria, ao te revelar inteira
Levar consigo metade de tua herança
E uma parte maior de tua alma

II

Serás primeiro serva
Deste dom que compartilhas com as fêmeas

De ao seres dividida
Que algo se desdobre e multiplique
Fazendo-te capaz
D'outras metades gerar

Tornas tua a essência
De em leite teu sangue transformar
E com doçura teu seio ofereças
A este ser que é vir a ser
Como ti uma outra fêmea
Ou uma tocha que outro ventre buscará

2

Cê tá loca Chica

Cê tá loca, Chica.
Larga mão disto!
Vem tomar sorvete...
Deixa pra lá isto de rezar pra santo...
Ainda mais agora, pra santo estrangeiro,
Que a gente nem conhece direito...
De uma hora pra outra...
Parece até que vira a cabeça das pessoas.
Se ocê anda atrás de milagre,
Olha pro chão...
Pras foia das plantinha.
Pro sol que nasce todo dia.
Às vezes me pergunto.
O que que foi que aconteceu.
Pra ter tanta gente penando...
Assim na procura de um sossego.
Que que é que esse povo busca tanto.
Pra que tanta idolatria...
Será que se sofre assim
De tanta falta de importância...
Parece um bando de bocó...
Essa procura que não cessa nunca.
De quê, meu Deus?
Tá tudo aqui mesmo
Debaixo do nosso nariz.
Vem cá, Chica...
Senta junto no degrau.
Olha só aquele monte de formiguinha.
Do que é mesmo que a gente precisa?
Pra que tanto santo...

Me dói tanto, se você soubesse...
Te ver assim com tanto esforço,
Tentando acreditar...
O diabo tem tanto nome, Chica.
O tormento é esse enxame de palavra.
Feito marimbondo,
Na cabeça das pessoas.

Deus tá aqui fora...
Por tudo.
Mais raiva eu tenho é desses babaca...
Que andam por aí achando que tem o que ensinar
Que se enchem de importância...
Que vivem por aí pregando.
Sabe o quê?
O que que eu acho?
Eles vivem é pregando as pessoas nas paredes.
Na peça que lhes prega o diabo.
De lhes esconder a vaidade.
Deixando a bunda de fora...

Chica, meu Deus, Chica,
Será que você não enxerga, Chica?
Que não adianta nada...
Transformar o medo em crendice...
Buscar em desespero...
Pára um pouco, Chica,
A gente é mesmo titica...
E isto até que é gozado.
E alivia tanto...
Saber que a gente não vale nada.
E por isso mesmo vale tudo.
Quer saber, Chica,
Eu vou me embora...
Acima de mim tem Um.
Debaixo de mim não quero ninguém...

3

Alma

Muitas vezes minha alma canta.
E eu lhe pergunto:
Por que cantas, minh'alma?
Por que estou viva.

Muitas vezes minha alma chora.
E eu lhe pergunto:
Por que choras, minh'alma?
Por que estou viva.

4

Claridade

Ver
se aprende
quem espelha
o fundo d'alma

Alma troca
brilhos
olhares
águas profundas
emergindo;
claridades no espelho.
Raso das águas.

Alma cintila
e se alimenta
de luz;
estrelas salpicadas,
almas outras,
iguais
que se iluminam
desenhando
o próprio céu:
comunhão de almas.

5

Quietude

Ouvir
se
aprende
o que segreda
a voz da alma

Alma é caminho
pontilhado
de pessoas
preciosas,
de início raras,
que se encontram
por desejo.
E graça do destino.

Alma murmura
em recantos
segredos
sorrisos
encantos
corais de pássaros
tecendo
o próprio canto:
Morada de almas.

6

Felicidade é despertar

Com desejo
De viver
É querer cuidar apenas
Da vida
Das melhores possibilidades
Que guardamos dentro de nós
Como sonhos adormecidos
Que um dia acordados
Ousamos desejar.

Felicidade é despertar
Com desejo de que seja
O mundo todo assim
Feliz.
Como nos sentimos
Sonhando.
Porque os sonhos são
Assim
De longa gestação os mais preciosos
E, há quanto mais adormecidos,
Mais é de aurora o seu despertar.
E jovial e luminoso
O seu viver.
Porque sonhos antigos
Acordam como meninos
Trazem sempre um novo dia
Com bolsos cheios de esperança.

Felicidade é despertar
Sentindo tanta vida

Que na vida não ia caber.
E descobrir que a vida
É tão maior,
Não apenas maior que os sonhos
Mas capaz de gerá-los
Gestá-los
Despertá-los
Inspirar-se neles
E vivê-los.

7

Urge

"Como se se pudesse matar o tempo
sem lesar a eternidade"
Thoreau

Acorda e ouve
O mundo acontece
Nesta névoa amanhecendo

Desperta e acolhe
Todo momento é
Urgente e fecundável

O instante é brecha
Donde te espreita
O turbilhão das horas

Crava incontinenti
A claridade que vagueia;
Abre o futuro desta senda

Quero que compreendas:
O momento que passa, passa
Em busca de tua morte

8

Cirandas

I

vir a ser comum
da terra e da semente
em planta se tornarem

II

...semente e terra dá planta
que crescendo dá semente
e morrendo dá terra
que com sêmen...

III

...húmus
quase húmus
tornado húmus
deixando de ser húmus
transformado em seiva que ao húmus...

IV

...terra
não és terra enquanto
uma semente
não te revela
de teu húmus
fazendo seiva
de uma planta que crescendo
se desdobra
em semente
e terra...

Pressa metropolitana

Destituídos de cadência
Carentes de silêncio
Somos todos convidados
Ao enterro do sentido
Do tempo degradado
Duplamente assassinado
Pela pressa do durante
E no tédio de depois

Ser

O ser
Não é.
Perdura
Perpassando
Ser e não ser

O que existe perece
O ser permanece
O que não existe subsiste
Surgindo do nada

11

Pai

I

Por amor a uma mulher
Virás a descobrir-te
Concebendo em desejo
Um ente que se aninhe
No carinho que recebes

De volta à tua origem
Ao sublime resgatada
Adormeces neste ventre
Onde pousas a semente
Replantada do futuro

II

Tua cabeça que se deita
Neste inchaço de ternura
Recebe em primeiro afago
Este ser que se movendo
Te anuncia a criação

Dois olhos te acompanham
Se chorares de emoção
Para que possas compreender
Os tremores e o sentido
Deste sangue escrito junto.

12

Morte

Tantas vezes
Morte
Embalastes
Em abraços
O sono
De entes
Queridos.

Vos compreendo:
Sois outra.
Terra.
Que me concede
Cada dia.
E a cada dia
O seu sentido.

Sois a mesma.
O derradeiro e único
O compromisso
De viver-vos
A cada instante
Integralmente.

E sorver
Brilho e morte.
O sul e norte
Em que somos
Concebidos.

13

Uma rosa vermelha

Eu sempre quis saber
O que é uma rosa.
O que é uma rosa vermelha.
Donde vem, de que entranhas da terra
Me vem o seu veludo, a intensidade
De seu tato, o absoluto
De seu despojamento, a doação impoluta.
O porquê de sua essencialidade.
Que me tinge com seu vermelho
Em plena virilidade.
O arrebatamento vital de seu convite, a imperiosidade
Com que me atinge na alma
O solene de sua simplicidade.
Teu carinho é uma rosa vermelha
Que vem a mim, do mais fundo,
Quando me encontro
Na mais virgem das florestas.

Lua nova

Passeia tua pele pelos pêlos do meu peito
Viagem por estrelas cintilantes
Ascendentes sensações
Calor e brilho de um cosmos incandescente
O despertar da natureza
Desta alegria urgente
Um mar em ondas
No chocar dos corpos
O apagar das mentes
O eclodir das sementes
No céu uma nova lua
Apenas se insinua cúmplice
E realça as estrelas
Uma energia de raízes
A sugar na exuberância das entranhas
Dádiva e mimo de deuses
A explosão de uma rosa vermelha

Poema fruto

Meu ser todo liqüefeito
Feito fonte de poesia
Segue teu curso abismal

E tu meu solo e meu leito
És terra ardente e macia
Que me sorves natural

Transbordar ternamente
E ser todo absorvido
No mais puro de teu ser

E voltar a ser semente
E não mais ser dividido
Feito em barro de outro ser

Portas

Portas!
Portas!
Quantas portas
Abriram a minha infância.
Aberturas de minha vida.
Aventuras,
Vendavais da meninice...
Portas!
Quantas portas atemporais!

Prece

Vês
Estás aqui
Com teu irmão
A teu lado
De que careces,
Pão?
Trabalha a terra
Que herdaste inteira
Com o espírito
Em tuas mãos
Agradece.

Resgate

Em ti
A mim
Retorno
Se em ti
A mim
Acolhes

Inverno da alma

I

Tu não acreditas em teus sentimentos
Porque não os respeitaste.
Porque os inventaste
Ao que julgaste ser de tua conveniência.
Porque os exacerbaste
Para com eles manipular os outros.
De que redunda desconheceres
O que sejam sentimentos autênticos.
Os teus, e os que por ti possam sentir
Pessoas de quem te aproximas.
Tão carente te tornaste,
Tão miserável,
Que hoje é verdadeira a tua miséria.
Assim como verdadeiras se tornaram
As tuas lástimas.

II

Amargo o fel de tua boca,
Sem gosto, o ressecado de tua alma.
Árido o calor de teu deserto.
Gélida a aridez de tua amargura.

III

Então não percebes a tua falta?
Que o que te resta é a tua falta?
Que a tua falta é a última?
A única coisa verdadeira que conquistaste?
Que este vazio é tua única passagem?
E que não deves tentar preenchê-lo?

Que apenas ele pode estar contigo?
Que apenas dele podem rebrotar as coisas?
Que nada existe que já não tentaste?
De que aquietar-te apenas é necessário?
Para cuidar de teu cansaço,
Para gestar teu abandono?

IV

Esquece. Apenas esquece.
De toda importância que te atribuíste
Cada vez que te sentiste diminuir;
Que menos te sentiste
Por querer ser mais
E por fazeres pouco do que talvez fosse
Mais verdadeiro do que julgaste
O que te seria conveniente.
Nada do que te cerca
Está a teu alcance.
Pois pouco caso fizeste
Do que pudesse ser verdadeiro.
E muito valor atribuíste
A todos os teus embustes.
Nenhuma vitória obtiveste sobre ti mesma.
Quanto te enganaste ao enganares aos outros.
De que te serviu tudo isto?
Não percebes o quanto a ti mesmo escravizaste
Ao quereres que o mundo te servisse?
Ou às tuas conveniências?
Será que não percebes
Que teus medos são a bondade que te falta?
Que no fundo te confundes com o mundo?
E ao julgá-lo nada julgas senão a ti?
Pois também a ti não julgas bem.
Não és tanto quanto te julgas,
Nem tão pouco como te sentes.
Pois na verdade pouco te sentes;
Pouco pressentes da verdade.
Da verdade daquilo que sentes.
Apenas te aquieta.
E deixa que do fundo do mais fundo dos vales
Advenha teu verdadeiro valor.
Colocar-te a serviço das melhores coisas
Ao invés de delas te servires.

Ser crescendo

        Crê   Que   o Ser   É
        Sê   Se   Quer   Ser
        Cria, Crê,   Ser,   Sendo

Sendo cria / crê   Sê
Crendo / cria-te   RIA (UÉ...)
Cria-te / criando   Só (r)isso...? SORRISO
Cria / crendo   Q(UE...)RER CRER
Crê/ sendo   QUERER ser CRESCER

      QUE   SE   CRIA

   Sendo   / Cria-te / Crendo
   Crendo   / Sê   / Criando-te
   Criando-te / Crê   / Sendo

SER É QUERER SER

CRENDO / SENDO / CRIANDO / CRESCENDO

TERCEIRA PARTE

TRABALHOS TEÓRICOS (OU QUASE)

1

*Narciso pescador**

SUMÁRIO:

Este trabalho, labor-oratório de metáforas, versa, conversa e balbucia sobre as seguintes questões:
O ser Narciso aqui presente: Narciso no poder. A cumplicidade: os outros de Narciso. Angústia de não ser Narciso. Insatisfação e tédio: Narciso diante do espelho. A queda no abandono de Narciso. Tentativa e fracasso: o outro como espelho. Ruptura do espelho e incompletude. Encontro com o outro. O ensaio de ser do eu. A passagem: do eu ao ser; de espelho a ouvido. O outro como ouvinte. O solo do crescer: o outro como interlocutor. Reconhecendo o alfabeto. O segredo. A saída do abandono: o ser como reconhecimento. Permanência das incógnitas.

Advertência
Só a mente mente

Aos incautos da seriedade: a seriedade é alcoólica; e após excessos etílicos, a realidade é necessariamente hilariante.

Este texto é metafórico. E como tal subversivo. Tende ao desenquadramento dos conceitos. Este texto é quebra-palavras. Lavra com a pá em outras terras. Pode produzir angústias. Pó de produzir

---

* Trabalho apresentado na mesa-redonda de abertura do II Encontro Nacional de Gestalt-terapia (Caxambu, 1989).

angústias. Ou resgatar os sentidos. O desejo: ser propiciatório. Do que cada um traz no fundo de si mesmo. Semente, cair em si é o remédio. Este texto quebra sentenças. Não estamos em julgamento. Não se arroga nem prerroga nada. Apenas se roga. Quem sabe se interroga? Sobre o nada?
    Embora não se excluam, para haver harmonia não se pedem concordâncias.
    Este texto é diferente. Mas não difere dos outros. Depende de que o leiam.
    Este texto tem muito de voz. Depende de quem o leia. Este texto é; para ser compreendido em si mesmo.

"Herméticos somos nós próprios."

Quem somos
Partícipes transitivos

    Como foi mesmo que cada um de nós veio parar aqui? (Como vai, vai bem? Veio a pé ou veio de trem?) Eu suponho e não acredito que esteja enganado, que esta seja uma questão fecunda para todos e para cada um de nós que aqui se encontra. Mesmo para aqueles que sejam os mais conscientes. Que melhor saibam o que vieram fazer aqui. Os mais convictos; os que vieram para lutar por alguma coisa. Os dispostos com garras e dentes a defender posições, prioridades, orientações, conceitos; os dispostos a definir o que é mais importante. (Me arrepia a última frase deste período.) Os dispostos a definir o que é mais importante. (O impor da importância impõe com ânsia umas tantas portas. Quantas outras, tantas, quedam no esquecimento, irreconhecidas às portas da morte.) (Vide nota 1.) Credo! Os políticos e os intelectuais! Os poderosos. Tenho raiva e associações negativas com certas palavras. Mas também isto estaremos fazendo aqui. E é necessário. Será? Mesmo que partes de mim não gostem. A questão é como, minha gente. Como!!!
    Será que de fato só dispomos do que predispomos? Ou será que nos consentimos despreparados? Que cada animal político dentro desta sala se coloque a questão. Vá já para diante do espelho! A orelha está suja? E o cisco em teu olho? Você pode ouvir? É capaz de ver o que está acontecendo? Tire um pouco a fantasia. E nu, peladinho mesmo, responda: Que fraquezas te agarram no poder? (Nota 2.) Isto posto. E disposto. Despojados, será que podemos perceber o que está acontecendo aqui? E sob esta inspiração desenvolvermos estas possibilidades?

Atenção senhores e senhoras: senhoras e senhores consumidores! Acaba de ser lançado, nesta feira de variedades, um novo brinquedinho. Um novo truque. Uma palavra-chave. Um conceito-chave que vos permitirá obscurecer um sem-número de situações. Com os outros, com os clientes, resolver unha encravada, queimadura de urtiga, impaludismo e quejandos. Esta palavra-chave vos abrirá também a possibilidade de conversa em várias rodinhas que se seguirão. Altissonantes definições estão em vias de serem lançadas. Aproveitem. A preço de liquidação por certo poderão ser encontrados os fundamentos. Os fundamentos, minha gente! Na próxima barraca. A preço de liquidação. As relações, os conceitos pluridimensionais de múltiplas utilidades! Cuidado apenas para que alguma matrona gorda, dessas que sempre freqüentam as feiras, não se apodere depressa, antes mesmo de você, de algum conceito fresquinho que lhe pareceu apetitoso, mais palatável. E menos indigesto.

Se você é produtor ou produtora, não apenas consumidor(a) e nesta feira expõe algo que tenha algum valor, acautele-se. Não estamos a salvo dos trombadinhas da inveja e da vaidade. Valei-nos Deus e a ortopedia. Escultores d'alma, ousai com toda vossa artesania! Eu simplesmente vos peço: um ungüento, um simples linimento pra curar nariz torcido, dor de cotovelo, pavonice e perorações. Os nossos próprios males.

Ah, quem dera a mim não fazer nenhum sentido. Ser inteiramente dispensável. Não se lembrar da história do menino. Daquele que viu que o rei estava nu. E pior. Saber que nesta história somos todos reis. Que se levante aquele que não for rei. Ou rainha. Ou que não seja da corte. Dolorido é ser o alfaiate. Ah, por que será que as nuvens nunca estão atrás do sol? Que a nu não possa estar, o rei. Anu, o rei. Anu, um rei que viveu muitos séculos depois. E que passeava a cavalo pelo seu reino. Sem séquito ou seguidores. Vestido apenas com uma coroa. Aguardado em todas as aldeias. Sem ser anunciado sempre se sabia de sua chegada. E todos se vestiam com suas melhores roupas para recebê-lo. Anu, o rei que um dia desceu de seu cavalo. Para arrumar o laço de um sapato. Do menino que um dia o viu nu.

Anu nos livre da posse. Da inveja. Do mais. Dos mais. Da importância. Dos excessos. Do rei e da rainha que carregamos na barriga. Axé. Para que possamos participar deste encontro cada qual com suas melhores indumentárias. Mas a nu sempre que necessário.

* * *

Que destino louco este. E diuturno. Que nos coloca frente a frente. Frente a quê? Que maneira mais esquisita de ganhar a vida. Que cadeira esta em que nos sentamos? Diante de quê? Suponhamo-nos, apenas por instantes, libertos da ferida narcísica — a filha do rei, não de Anu, do outro, o mais antigo. Aquele que era freguês do alfaiate. Pois então, não te contei? A ferida narcísica é filha do rei. O narcisista. E como todo narcisista é passivel de sedução... Anda em busca de uma corte. El-rey em busca de uma corte. Eu rei em busca de uma corte. Vos cortejo. O alfaiate, sim, é que andava cheio dessa história toda. E pôde libertar muita gente. Pegou sua mala e foi-se embora. Simplesmente.

Libertou muita gente é modo de dizer. Nós que aqui ficamos é que sabemos. Ficamos com um rei na barriga. Somos pais ou mães de um rei cuja filha é a ferida narcísica. Mas suponhamo-nos libertos da ferida narcísica. Apenas por instantes.

Espelho meu, espelho meu, me diga: existe alguém mais lindo do que eu? (Axé, rogerianos meus irmãos.) O tempo passa e com ele a mudança das tonalidades. Espelho meu, espelho meu! Espelho meu... pelo amor de Deus! (Narciso mendiga) me diga: existe alguém mais lindo do que eu?

Suponhamos que a rainha se encha do espelho. E não resolva ter um caso com o alfaiate. Porque a história assim ficaria mais comprida. Talvez mais divertida. Ou, quem sabe, não sei, mais curta. Que a solução do narcisismo está no encontro com o outro. O outro seria o alfaiate?

Se for ou fosse, isso aventa conjecturas intrigantes: que o narcisismo não seja mais que mera seqüela da repressão. Ou falta de imaginação. Ou sobra, quem sabe? Que o narcisismo não seja mais que mera...

        mais que mera...
        mais quimera...
        quimeras...
        quimeras...
        mais...
        mais...

O insaciável se enche de merda. De culpas. E desculpas. Necessita purgar. Quanta gente intoxicada! Cheia de gases! E prisão de ventre. De novo o rei na barriga. Um grande rei de merda! Que grande remédio o purgante! Mas apenas preparatório. Pré-operatório. Você ali na sua cadeira escutando. Escutando perplexo! Sem nem piscar! O quanto é nosso e de cada um aquele rebosteio! Sem nem respirar. Por razões óbvias. E não tão óbvias. Por uma questão de compasso. Respirar aliviado é o que vem a seguir. (A bem da verdade se diga que cada caso é um caso e cada terapeuta é diferente. E que essa dança pode ser dançada de distâncias variadas. Sugiro apenas que se deixem de lado os traços mais efusivos da "latinidad". Tais como o tango e a lambada. Bem como não aprecio o autismo a dois que se pratica em várias ortodoxias.)

Dizia que o purgante é pré-operatório. Por maior que seja o alívio, o purgante não resolve. Livrar-se de culpas é estar numa clareira. Enxergar um pouco de céu. Com muito mato pela frente. Longo é o retorno e distante é a casa.

Quanto à rainha, poucas chances teria o alfaiate. De ser o outro. Talvez um pedaço de outro. A rainha não tardaria a lhe querer espelho. Pobre alfaiate espelho. Um outro aos pedaços. Desses que encontramos por aí. Dolorido é ser o alfaiate. Mas eu já disse isso. Perdão.

Intrigantes conjecturas. Anu me salve. Axé. Suponhamo-nos livres da ferida narcísica e cansados do espelho. Sem casos com o alfaiate. O que vejo! Pasmem! Uma outra ferida. Uma ferida restante. Nem *cogitans* nem extensa. Uma Res-tanti. Valha-me o latim. Queda uma ferida. Uma ferida queda. Não uma queda livre. A que tanto tememos e que nos desafia. Uma queda ainda não livre. Por que será tão difícil? Apenas quedarmos. Livres. Restantes.

O que vejo! Nem só uma ferida. Pasmem! Reflexos. Alguns reflexos. Apenas lampejos. Vislumbres. De repente Narciso enxerga. Um peixe nadando em sua testa. Adejante. Semovente. Seguinte aos contornos de loiros caracóis. Narciso em sorrisos. E não só. E não mais. Nunca mais só Narciso.

Que Narciso na gente é dor. E na dor não mergulha. Apenas dói de uma dor sem brecha. De superfície, espelhada. Uma dor reflexa, desferida, doendo em outro lugar. Uma dor cega, não vista. Apenas espiada: que Narciso na dor se confunde. E não se vê como aquele que olha. Narciso olhador! A dor Narciso! Narciso, olha! Olha o peixe! Pesca Narciso! Pesca a dor Narciso! Pescou? Narciso pescador!

Na dor não se mergulha. Apenas sobrenada. Ela sim é que às vezes mergulha na gente. Quanto mais dói se a gente não se deixa mergulhado. Que um me disse de dois mundos. (Descartes) E outros querendo remendar. É tudo a mesma coisa. Mundos a gente tem quantos quiser. E o Buda? Não era barrigudo? E não andava pelado? E depois nem andava mais. Viajava sentado. Restante.

Você ali sentado na sua cadeira. Escutando. Escutando? Nem não. Sobrenada mergulhado. A gente fica só assuntando. Que depois do alívio, no meio do descanso, o assunto nem tão quente nem a frio, é hora de o peixe passar. Pra lá e pra cá na testa. Plantar em caracoles. Caçar o rumo no meio do mato. Aí é que se fala. Com falas de ferreiro. No pontinho certo da temperatura. Do trabalho em metais. Mais não sendo assunto pra alfaiate. De coser ou remendar. Difícil. Difícil de explicar. A terapeutas e clientes suscetíveis que a ferida narcísica tem que ser cauterizada. Nem mais nem menos. Na continha certa da temperatura. Difícil de explicar. A sádicos e masoquistas. Que a dor tem que doer de um doer consentido. Sem evitar nem inventar. Deliberado. Assim como quem vai de partida. Sem nada pedir. Nada além de despedir. Que a dor tem que doer desimpedida. É necessário partir. Pra se inteirar do que havia. Adeus, meu rei. Não sou mais o meu vassalo. Não mais. Não mais impera a dor.

Nem menos. Só que um tanto diferente; mais parecido comigo. Mais fio e menos fuso. Menos confuso e mais confiante. Diverso. Desmisturado eu mais converso. No anverso. Mais direito comigo. Tudo isso mais ou menos. Com direito a quedas. Seguro no nada. Vade retro Sartranais. Ou qualquer outro vade-mecum. Manuais, catequeses psicologais. Vade retro que lá vai. Sem azo nem veso. Asas abertas. Senhor dos absurdos. Mundos a gente tem quantos quiser. Sem sub nem supra. Em cima a gente plana. Em baixo a gente pesca. Gaivotando no azul e no azul. Aninhado aqui mesmo na terra.

Que destino é este? Mais exposto, desabrigado? Desobrigado? Não briga. Paz-passagem. Nós, passageiros. Passando, passando, paz sendo. Sendas? Veredas até o mar. No azul e no azul. Aninhado aqui mesmo na terra. Aqui mesmo na terra cada um tem sua passagem. Intransferível. Um bilhete conferido a cada um. Uma passagem com ferida. De encontro marcado com o ferreiro. Impossível eliminar. O ferrador impassível. Limiar que alumia. Incontinente de excessos. Fornecedor de acessos. Doador que concede uma passagem. Remissão assumida.

Se me dou. Se meio sou. E não sou. Semeio. Ide, ide, entidades. Passageiras do absurdo. Aqui me quedo restante. Disponível, nu e responsável.

Que o eu, inacabado permanece. Que o eu inacabado, permanece. Que ao eu só podemos aludir. Que ao eu, ao eu mesmo, não podemos iludir. Não, nunca se confunda com o eu. Que não pode ser visto. Que no fundo todo ver é figurar. O eu mais me parece um vasto eu sonoro. Uma metáfora vocalizada. Que às vezes podemos tocar. Tanger, quem sabe. O eu há que ser concebido como esta sonoridade que nos foi concedida. E que às vezes nos consentimos.

Que a nós apenas nos cabe sermos.
A busca. Nos melhores termos.
Por nos tornarmos
o melhor intérprete de nós mesmos.

Este ser que é nosso. E que tem sempre de ser passado a limpo. Este ser tantas vezes borrado. Este ser ruído. Que rói e remói. Que rui. Este ser tantas vezes uma cópia estragada de si mesma.

Vai daí... Você ali. Sentado na sua cadeira. Como o quê? Como o que que não seja antes de tudo uma vasta orelha. Um ouvidor. Um ser auscultante. Um ser interouvinte. Muito mais ou antes que interlocutor. Que uma nota sua em falso desafina o ouvido do outro. Este outro que tem que ser ouvido. Que tem que ser muito ouvido. De si mesmo. Pra se esquecer. E se encontrar.

De empréstimo o ouvido de um credor. Harmônico. Pois todo crescer é solo que pede acompanhamento. É, sim. Quem não executa o próprio solo tropeça no andamento. Vejam só quem se isola de si. Não se escuta e só busca consolo. Deus meu! Não conquista a liberdade do desprendimento. Não se contém no olvido de si mesmo.

Você ali. Sentado na sua cadeira. Agora sim com direito à palavra. Nem alfaiate nem ferreiro. Sem fantasia, nem uma. Nuzinho mesmo. Despreparado. Consentido a nascer. Como interlocutor. Um eu e um tu. Não. Nem eu nem tu. Um nós. Não, nada de nós. Um nada. Preferimos referir a outras coisas. Dar referentes outros a ex-narciso. Referendar as novas reverências de ex-narciso. Complexas trocas de letras e pontos de vista. Confere, ex-narciso?

Que o medo de Narciso era perder-se no espelho de outrem. Ou, quem sabe, ser relegado ao ostracismo. Agora já sabe que as ostras têm outros legados. Seus interiores de madrepérola. E que pérolas são oriundas de feridas.

Você ali sentado na sua cadeira. Um credor sólido. Que assiste e consolida a passagem de ex-narciso a crisântemo. Sem temor a crises. Que a ação das flores é floração. Flor e ser. Que o amargo de tuas raízes, ex-narciso, produz o néctar de tuas flores. E permite que te deites na terra que te alimenta sem seres devorado por ratos e lagartas. De ti destila o mel. Do âmago de teu amargo conecta com o néctar.

Preferimos semear outros à sua imagem dessemelhantes. Que o medo de Narciso era sumir em semelhanças. Resume e se lança Narciso. Perde o siso e lança o sêmen. Semeia sem a mente. Que a mente somente mente, consome e some. Soma Crisciso e consuma teu medo de sumir. Consagra Crisântemo. Tua sina de sangrar. Que o teu segredo secreta a linfa da cicatrização. Narciso em secreção. Não mais segregado. Não mais segregante. Que a secura resseca e não cura. Só seca. E impede a cicatriz. Narciso liquefeito em sangue e linfa. Agora, sim, Crisântemo. Fado e lindo. Narciso finado. (Nota 3.) E refinado. Como te sentes, Cris? Afinado? Não mais confinado? Formidável. O formidável mesmo é estar em forma. Formado. Conformado. Sólido. Solidificado. Solo edificado. Podendo com tudo. Podendo contudo a cada instante se liquefazer. Em sangue e linfa. No nada.

— E tu, Narciso, como te sentes ?
— Exausto. Absolutamente exausto.
— Ótimo, é assim mesmo que nos sentimos depois de um trabalho destes. Queres descansar?
— Sim, mas antes quero conversar mais um pouco. Umas coisas.
— Diz.
— Também estou aliviado.
— Hum, hum...
— É como se tirassem o mundo de minhas costas.
— Literalmente, aqui o tens a tua volta.
— Sinto um frescor em minha pele. Me sinto saído de um cofre.
— Sim, é onde guardamos as fantasias.
— Fantasias? O que são?
— É com que recobrimos a pele. Coisas de vestir e desvestir. Coisas que grudam na gente quando não sabemos usar. Vestígios de um paraíso perdido.
— Perdido?
— Não propriamente. Escondido.
— Onde?
— Por aí...
— Por quê? Por que escondido? É proibido?
— Mais ou menos.
— Como assim?
— Mais ou menos como as fantasias. É proibido ficar nele. Visitar pode.
— Por quê? Por que não pode ficar?
— Não sei bem, Narciso, algo assim com ser passageiro. Parece que se você fica é ele que vai embora.
— Puxa, que chato!
— Nem tanto, Narciso. Nem tanto.
— Como assim?
— Se ele fica, é a gente que acaba se enchendo.
— Do quê?
— De ficar preso. É como no cofre.
— Hum... acho que estou me sentindo enrolado.
— Foi você que puxou o fio.
— Como?

— Começando a fazer perguntas.
— Bem, e como é que fica?
— Você continua a fazer perguntas...
— Sim, eu sei, mas como é que fica?
— Fica assim: o cofre fica ali guardado. Você vai até lá, tira uma fantasia, põe e sai por aí. Dá uma voltinha. Volta. Tira a fantasia e põe no cofre.
— Põe e tira, põe e tira, vai e volta, vai e volta, parece divertido.
— É o paraíso se você quer saber...
— Escondido?
— É.
— Que a gente visita?
— É.
— E guarda no cofre?
— É.
— Entendi.

Gravem bem isto. Sejam todos ouvidos. Agucem todos os sentidos. Que por maior que seja a sensibilidade, ela nunca será bastante. Antes deva ser restante. Que no instante cabe o ser. Mas raramente ali se queda. O ser sempre se levanta. Oh, ser! Senta. Descansa. Resta um pouco. É necessário saber do quedar. Sejamos claros. Façamo-nos definitivos: ao ser sempre resta ser. Que a pausa não é não ser. Que o silêncio não é não ser. Que o silêncio também é. Que o nada vive por aí, nadando. Como a terra. Vocês já viram? Fica só girando, girando... Girando no ar. Vocês já imaginaram? Se ela tivesse medo de cair? E tentasse se segurar? O gozado é com a gente, que só se sente livre se estiver seguro. Ei, reparem o sol. Que quando se queda só se levanta no outro dia. Que não se incomoda em não estar brilhando. Que pode estar atrás das nuvens. Oh, sol que sois o rei dos astros! Senhor de todos os brilhos. Por certo sabeis que a Terra gira para mostrardes a todos os filhos. Ei, filhos da terra! Olhai o sol, o vosso rei. Axé. Anu axé! Anu, o rei que outros tantos séculos depois tornou a andar vestido. Que estranho ser este. O ser do homem através dos séculos. A desnudar e revestir o ser real. Intrigantes conjecturas. Anu me salve. Axé.

Estas coisas são tão interessantes que devam talvez existir. O ser do homem na natureza. A natureza do ser no homem. Na natureza nada se perde, nada se cria. Tudo se recria. O ser do homem na recreação. A intimidade no lúdico. A recreação reasseguradora. Um convite a cada um. A vida com vida. Vamos e venhamos. Convenhamos. A vida nos convida a viver. Um convite à convivência.

Será? Será sendo. Conhecendo. Reconhecendo. Reconheçamos. O homem que vive reconhece. E vive porque reconhece a vida em si. O homem em si a vida reconhece. E a cada encontro os fados favorece. Os favos da vida. Coestar com as fadas. E as favas replantar.

A sina nos ensina que todo estranhamento guarda uma intimidade. A vida nos desvenda. Que o reconhecimento é o inverso do abandono.

Arre que acabei! E após saltitar pelo alfabeto ao v cheguei.

Vás... vás
Vez a vez
Vis à vis
Voz a voz
Vuz... vuz

Da questão quedam restantes o x, o y e o z.
Tutu tururum tum tum...
Tutu tururum tum tum...

NOTA 1

O ser diante da morte. Um dia ante a morte. Noite dia. Dia após dia. De noite à noite. Morte após morte. Até a morte. A morte. O único norte. Que até a vida é doença. Que tem cura. A doença da vida é o medo. A morte não. A morte a gente encontra. Uma passagem livre. Uma passagem para dentro. Um outro dentro. Desconfio. Confio. Fio. Enfim. A morte. Um desafio. Que quem sabe do quedar aguarda. Zelador da espera. Não desespera. Coopera. Operador das eras. Aparador de heras. Dos erros. Enfim. A morte. Um desafio.

O ser diante da morte. No ser diante da morte a busca dos limites. Do universo. Do cosmos. Dos tempos. Dos templos. Dos espaços. Dos espasmos. Do pulsar. Do expulsar. De ser expulso. Do ser perplexo. Atingido no plexo. No solar. Do ser pasmo. Ai Deus Pan! Como é duro ser com plexo. Mas me consolo. E agradeço. Pelo solo e pelo sol. Ao final das contas poder solar.

NOTA 2

Já não ouviste que o homem opta pelo amor? Ou se agarra no poder? Mas já te explicaram isso? Vou tentar: o amor envolve e amolece. E amolecer envolve uma ameaça. A ameaça de ser dependente. Nessa pendência o ser se sente premido. Essa premência não atendida deprime o ser. O ser deprimido. O mundo pesa ao ser deprimido. A sobrecarga escurece a precisão. O ser premido perde a certeza de vagar. E se torna senhor-escravo de clareza e precisão. Impedido de pedir, o deprimido ordena ao mundo que o atenda. Exige que atente para ele e o entenda. Essa tendência é propensa à imposição. O ser se cristaliza impositivo, ordenador e dominante. Doravante, na fuga do caos, o ser ordena e domina o mundo. O ser denomina o mundo. O ser denominador! Mas se condena se ao nomear se expulsa do cosmos. O pulsar do cosmos. O cosmos que envolve e devolve o ser ao plasma. Expulso do cosmos, o homem se arroga importâncias. Impedido de rogar, impõe o mundo assim aos outros e a si mesmo como imperativo da ordem e do poder. Não podendo e não sabendo que o amor ameaça com o caos, mas é a única passagem que devolve o cosmos.

NOTA 3

Embora se saiba que as imagens iluminam o ser, por vezes atingido por um raio e neste texto a conversão de Narciso se inicie com a visão (do peixe), quer nos parecer que o solo do crescer passa pela sonoridade. Que o encantamento (como todo introjeto) é uma figura que fica no fundo. Uma estrutura de tortura que não endireita. E tece os elos de uma cadeia enviesada. Narciso parece preso numa cadeia de vidro. Por onde passa luz, mas não passa o ser.

Quantas vezes não entendemos contra o que se debate Narciso! Precisamos lembrar que, se este vidro por fora é transparente ou mesmo invisível, por dentro ele é sempre espelhado. (As fronteiras do ego no espelho.)

Precisamos nos lembrar da incomunicabilidade de dois narcisismos. O espelho de dupla face. Como esfacelar o espelho? E lapidar o diamante? O diamante escondido no espelho. Como encontrar? Que partitura seguir? Que rachadura? Que veio nos orienta o cinzel? Que linha melódica? Se este espelho sempre se refaz se não reconhecemos o diamante? Um cristal se reconhece pelo timbre e não pela aparência. Em que semitonalidades ouvir para reconhecer o diamante? Com que preciosidade falar para conseguir vibrações dessa pedra adormecida? O que notar? Como denotar (Denotar: mostrar, anunciar, significar por meio de certos sinais; denotação: designação de uma coisa por certos sinais; designação: significação, indicação, escolha; designar: apontar, indicar, assinalar, fixar, nomear antecipadamente.) Como detonar? Na explosão do espelho a parição do diamante.

Como encontrar a sintonia diacrítica? (Diacrítico: diz-se dos sinais gráficos, pontos ou notações, destinados especialmente a distinguir a modulação das vogais; diz-se dos sinais com que se distingue uma doença da outra.)

Não lhes parece? Que da linguagem de cada um precisamos aprender a ressignificar cada sinal, a distinguir a modulação de cada vogal? Não lhes parece que para descobrir uma pessoa precisamos enxergar através de duas doenças, a nossa e a dela?

Não fora tudo isso, bastaria termos à mão o nosso próprio diamante. Com que se corta o vidro, livra-se da ganga, faz-se a clivagem, a lapidação e o polimento de qualquer diamante.

Mas a presente nota 3 tinha de início um outro intento. O autor pesquisa a dor. Se entretece em delírios, se encanta em contracantos. Mas chega ao ponto e gentilmente solicita. A teóricos e pesquisadores. A contravacina de vossos feitos. Que em se tratando de homens os conceitos viram seitas. A pesquisa esquiza e as teóricas... quanto mais ricas mais teocráticas. Que o ser pessoa é figura ativa. Que há de ser sempre figurador que figurante de teorias. Que abjeto este sujeito-objeto em que nos transfiguramos à luz das teocracias. Do demo, isto sim. Das mais reles às mais conceituadas seitas. Que teorias mais parecem estruturas de tortura que não endireitam. E tecem elos de uma cadeia enviesada. Por onde passa luz, mas não passa o ser. O ser ali. Diante da sua cadeira sentado. O ser figurador. Poço e dor de um diamante despossuído. Perdido no espelho de um transparente. Pai, mãe, terapeuta... Quem sabe de quem sem saber de si? O ser ali. O ser ali aguardador. À espera de um convite. Que tal conversar? Versa com ele. Sem métrica que não seja a do cuidar. Do nada. Sem razão nenhuma. Sem lógica mesmo. Que não seja dialógica. Que não seja a lógica do dia. A do momento. A força. Das mãos na massa. Na intensidade do movimento. No instar do instante. No rente do repente. O ser corrente do ser que recorre porque não pára. Ih, ser! Pera aí! Não me atropela! Quero entender esse aí do ser. E aí, dá pra explicar? Quero entender esse ai! Que no conversar, o não entender de um encontra o entendimento do outro. Na modulação de cada vogal. Que o diamante está dentro da ganga. Que teoria mais parece uma lente de vidro grudada nos olhos da gente. Espelhada. Que deixa o outro de fora e só enxerga a si mesma. Quantas vezes não se debate a teoria num labirinto de espelhos. O diamante virado no avesso. O círculo da má dicção dos espelhos. Onde se joga a criança fora e continua a chafurdar na bacia. Em seu nome teoria, quantos rebentos deitados fora! Quantas palavras deitadas fora. Fora do leito em que a vida segue seu curso.

Palavra contra palavra. Que cada palavra guarda em si o pó de libertar. Do poder de outra palavra. Encravada como jaça na vogal que um dia mente. Ria da teoria que não é pó de polir. E que polui a mente e cristaliza o ouvidro. Creio nas palavras do recreio. Nas preciosas pedras atiradas nas vidraças dos ouvidros. Que o grude das escolas acorrenta a pele e retarda o aprendiz do vazio. O acolhimento do ser com plexo. Escondido na jaça. Escandido na vogal.

Que quando a palavra conta, a palavra contém o mundo. E este conter detém a familiaridade do hábito. A palavra que conta sopra com seu hálito a inospitalidade do mundo desabitado pelo hábito. O hábito que desabilita o estar no mundo. O hábito mesmo que almejou clarear o mundo. O hábito-palavra que visou afastar dos olhos a inospitalidade do obscuro. No obscuro a cura da palavra desavisada pelo hábito. Que toda disciplina que não seja a da atenção, atrai a traição da promessa que traria em teoria a compreensão.

Que quando a palavra diz a palavra dispara o mundo. Este mundo paralisado das palavras preparadas no âmbito da preconcepção. Que teoria concede luz, mas não concebe o ser. Este ser obscuro que é próprio da alteridade. Este ser que se afirma negação ante o caráter negativo da imposição descaracterizadora. Este ser que se concede semelhante se concebido singular.

O autor pesquisa a dor. Mas chega ao ponto e gentilmente solicita: em se tratando de homens, dos conceitos, guardemos o espírito e as circuntâncias. Da pesquisa, prossigamos o pescar. Da teoria, reflitamos o pensar.

Que teoria é a palavra do pai. Do mesmo pai que Narciso não encontrou. Não encontrou porque a mãe não lhe deu. A mãe que Narciso não teve. Uma que lhe desse um pai. Um pai que lhe desse a mãe. Que teoria é a palavra do pai. Que teoria é paixão que carece de mãe-terra. Que teoria é pó. E o pó que ao pó não retorna, turva a vista da gente. Que se façam teorias em terras em que se deita o rio. O rio que é pai de Narciso. Em que a vida segue o seu curso. O curso de onde deriva o discurso. O filho. O curso da escola da vida. Matriz de qualquer escola. A filha.

NOTA 4

Converso Narciso conversa com Cris:
— Puxa, Narciso, pensei que tivesses morrido!
— Também pensei que fosse morrer. Pelo jeito, estou aqui...
— E esse papo que você morreu na beira do lago? Que andou apaixonado por si mesmo? E morreu de amores?
— Não sei, rapaz... Invenção! Fofoca de quem está por fora.
— Mas, então, o que aconteceu?
— Não sei bem. Vou te contando pra ver se a gente descobre.
— Pode contar comigo. Conta pra ver se a gente entende.
— Então, eu fugi pro meio do mato. Meio de medo, meio de vergonha.
— O que estava acontecendo?
— Cada moça bonita que olhava para mim! Eu era adolescente, você sabe. Cada olhar tão forte! Eu não entendia. Eu tinha medo. Não sabia o que fazer. Parece que queriam alguma coisa. Que esperavam algo de mim. O meu rosto, olhavam tanto! Como se tivesse alguma coisa muito forte nele. Então eu vi um lago. Estava com sede. E acabei olhando o meu rosto. E fiquei tentando descobrir o que é que os outros viam nele. Não sei o que era. Mas acabei sentindo muita vergonha. De ser bonito e não saber o que fazer com isso. De achar as pessoas bonitas. Não poder falar disso com ninguém. Aí, sim! Eu poderia morrer naquele instante. De tristeza. De desespero!
— Puts meu! Então está tudo errado o que andaram dizendo a teu respeito.
— Não. Também é verdade. Mas só que é só a metade. A metade da verdade. Também me acho bonito. E gosto de mim. Às vezes até exagero. Mas também acho os outros bonitos. Só que não consigo vencer a inibição. Acho que é aí que exagero. Tento parecer bonito e se alguém acha, eu sinto medo. Me sinto perdido. E me agarro de novo em parecer bonito. É compulsivo. Às vezes até dá algum equilíbrio. Mas depois, rapaz, sai de baixo. A frustração. O desespero. O fracasso. A puta impotência. A tristeza. Saio por aí brigando, intolerante.

— Que barra meu! Que puta barra mesmo! Mas eu gosto de você. Da tua sinceridade.
— Não me elogia. Que eu não sei o que fazer com isso. Obrigado. Sei lá... deixa pra lá.
— Tá bom, cara, cê é um bosta mesmo. Mas e daí? O que aconteceu?
— Daí que eu vou mais fundo nesse negócio do peixe.
— O peixe? O que é que tem a ver com o peixe?
— Dos outros verem algo bonito em você. Algo de bom em você. E querer te comer por causa disso. Te engolir. Te possuir, sei lá. Botar dentro deles isso que eles vêem em você. Ou então o contrário. De gente que se aproveita de ser bonita. E começa a usar os outros com isso. Um arraso. Me dói tanto! Acho que foi disso que eu fugi. De não saber o que fazer com tudo isso.
— Puts, cê tá inspirado mesmo! Tá sabendo cada uma!
— Você é legal, Cris. Um cara que soma. Um cara aditivo. Melhora a gasolina da gente.
— Então estamos quites. Pois eu nasci da sua coragem.
— Legal você dizer isso. Mas não é preciso. Você estava lá. Você viu. Não foi coragem. Foi precisão. Foi cisão. Foi inserção. Uma saída pra dentro que deu pra fora.
— De qualquer modo, foi uma bela aterrissagem.

NOTA 5
A HISTÓRIA DE NARCISO

Minha vida de qualquer modo quero lhes contar. Céfiso o nome de meu pai. Um deus e um rio. Um pai que não tive. Ou melhor, tive tantos quantos foram os humores de minha mãe. Minha mãe. Liríope. Abandonada por um deus. Eu sendo a prova desse amor que não existiu. Ou existiu, não sei. Quantas vezes. Quem não existiu foi eu. A testemunha do abandono. O dono de uma banda. Pra tentar alegrar a minha mãe. Que tão bem fui filho de deus. Que haveria de vingar a minha mãe. E de fazer com que todas as mulheres se sentissem abandonadas como ela. Eu. Ser tão lindo. O filho do orgulho. De uma mulher. Uma vez, unicamente desejada. Eu, o seu único filho. De tantos pais quantos foram os seus humores. Os seus humores. Em quantos naveguei! Um eu tão grande! A preencher a vastidão de seu vazio. A minha dor apenas. Parecia aplacar a sua dor. E fazê-la esquecer-se de si mesma. E fazê-la aquecer-se em compadecer. Eu moído ouvia chamar-me de querido. Eu ferido que faria ao mundo todo saber de sua dor. De sua dor que era todo o seu orgulho. O de ter sido uma vez unicamente desejada.

De meu pai, o mais perto que estive, foi à beira do lago. No meu rosto a buscar-lhe os traços. A lhe ver os rastros na minha face. De tão leve tocar-lhe que as águas não mexessem. E ali eu pude ficar. Nada mais precisando vingar. Tendo Nêmesis a me conceder isto. O de morrer em paz. E mais perto de meu pai do que jamais estive.

Como explicar tudo isso? À única que eu talvez pudesse ter amado? Tão perdida em tagarelice a minha pobre Eco. Não passando de Eco mesmo enquanto tagarelava. Enquanto levava daqui pra li o quanto acolá escutava. Minha Eco eu não a queria. A repetir o que não entendia. Minha Eco entediada. Por jamais permitir que algo ecoasse mais ao fundo de si mesma.

Oh, pai! Separa a dor de minha mãe! Para que a minha também cesse. Oh, pai separador! Dai-me acesso à paisagem. Dai-me pai a pajelança de tua aragem. Lançai-me, pai, ao mundo. Livrai-me do medo de me perder, da minha mãe. Que a um beócio cego perguntou de meu destino. Oh, pai, por quantos séculos! Quantos seguem na cegueira. Como o cego a não me ver. Na minha busca, pai. Da tua imagem que paira sobre as águas. Em lágrimas vertidas à minha mãe. Nas minhas lágrimas, pai, eu convertido no reflexo de minha mãe.

2

*Limitações e dificuldades da relação terapêutica**

RESUMO

Limites? Dificuldades? Teremos sempre. Teremos sempre dificuldades com limites. Ou com sua inexistência. Isto é mais fácil de entender do que viver. Aliás, entender é sempre mais fácil que viver. Mais fácil falar do que fazer. Mas viver sem entender também costuma ser muito difícil. Também nos enreda. O enredo repetido. Sísifo deveria ter mais o que fazer. A ficar carregando pedras morro acima sem cessar. Pura falta de imaginação. Ou compreensão. De que para mudar é preciso mudar. E de que para mudar só existe uma porta. Agora, a única porta para a mudança. Agora, a única porta para o futuro. Agora o único limite. A ser transposto como limiar. No qual se adentra. Agora, uma porta de entrada. Uma estrada para o futuro. O futuro que nunca será se não nos abrirmos para o agora. Agora, o único retorno. Para mudar de estrada. Retornar aos caminhos perdidos no passado. De onde se podia vislumbrar o futuro. O futuro perdido no passado. Agora a única passagem. O passado retornando a ser. Semente de futuro.

* * *

Existe apenas uma possibilidade de perfeição: a realidade. A realidade é cheia de possibilidades. Mas a realidade é apenas uma. Todas as possibilidades se abrem através de uma única porta. A realidade. A realidade é. Inelutavelmente. Mutável. A cada instante. Cada instante é único. Absolutamente soberano. Senhor de infinitas possibilidades. Mas existe apenas uma passagem. Agora, O único umbral. Agora. O único limite. O limiar em que tudo se abre. A realidade é uma prisão com infinitas possibilidades. E o agora é a sua única porta.

---

* Outubro/1991 — III Encontro de Gestalt-terapia (Brasília).

Limitações da relação terapêutica? Para onde você está olhando? Certamente um pouco além. Para lá do limite. Certamente não está no agora. Agora cada limite é um limiar. Que se abre. Que se fecha. Cada limite é uma fronteira a ser respeitada, reconhecida, explorada, contornada talvez. Apalpada. Será que existe mesmo? Ou somente se solidifica se o afrontamos? O que é que você me diz da extrema dureza de um limite ignorado? Você já topou de frente com uma parede invisível? Você já percorreu por estes labirintos que nos conduzem sempre para lugares indesejados? Você não juraria que estava querendo chegar a outro lugar? Que não era nada disto que você estava querendo? E, no entanto, se começar a se locomover de novo... Vai escorregar imperceptivelmente até encontrar com a mesma parede. Invisível. Invisível? Necessária. Apalpável. Apenas as paredes nos conduzem às portas. As passagens. Agora. O que se passa? De que indumentárias revestes o passado? O que será preciso? Rever o quê? Os reveses? Com que fardos carregas o futuro? Prever o quê? O que será? Será preciso? Com fardos e indumentárias sobrecarregas o passado e o futuro. Te imagino livre. Passageiro do agora. Com futuro verdadeiro. Uma abertura. Por onde possa entrar a ventura desta vida. Sabedor de seu passado. A despertar, sim, de lembranças. A honrar tuas cicatrizes ao extrair-lhes o significado. Difícil e árdua tarefa. Absolutamente necessária. Portadora de inestimáveis recompensas.

Limites da relação terapêutica? É sempre nos limites que estaremos trabalhando. Nessas fronteiras invisíveis entre o possível e o impossível. Todo ato é sagrado, nos lembra Buber. Porque imola no altar da forma a infinita gama das possibilidades. Uma renúncia, uma entrega. Uma conquista de que em seguida devemos nos despojar. Para que cada conquista se constitua em alicerce das seguintes. E ao final não sejamos prisioneiros dos castelos do passado. Prisioneiros dos fracassos. Prisioneiros dos sucessos. Para que livres possamos ter acesso às passagens do agora. Para o futuro.

O que se passa? O que pede passagem? O que nos pede acolhimento? O que carece de suceder, para que possa aquietar? Ou brotar? Que semente move este momento? Que futuro se liberta e se põe em movimento? Que passado soterrado se resgata?

Dificuldades? Apenas não devemos criá-las; ou empilhá-las à nossa volta, qual fortaleza que nos defende de viver. Dificuldades existentes? São sementes! Devemos cuidar de cada uma. Pois cada uma encerra o seu segredo. O seu valor.

Dificuldades? Quantas vezes somaste as tuas pressas às pressas do cliente? Afastaste uma dor dele porque a tua era insuportável? Ou necessitaste da dele dar vazão à tua? Quantas vezes pudeste realmente, apenas, acolher. Reconhecer. Autenticar. Quantas vezes pudeste fazer do não-fazer teu modo de acolher. E desse modo permitir que as coisas aconteçam de um modo próprio.

Dificuldades? Então você não se dá conta da imensa facilidade com que imaginamos impossibilidades? Limitações? Não é então ilimitada a nossa mania de enxergar limites onde eles não existem? Temos todos dificuldades com limites. Cada passo do crescer remove um limite. E constitui o próximo. Não suportamos limites. Ou a sua ausência. Mas eles nos suportam. Estão sempre lá. Ainda bem que não se enchem da gente. São como pedras. Onde podemos pisar. O solo para que possamos caminhar. Vocês já pensaram limite como suporte? Como aliado? Como compromisso? Como vínculo? Como desafio? Como aquisição? Como a única instância capaz de acolher a nossa vontade? Sim, o limite é o unico lugar de existência de nossa vontade. A nossa deliberação. Nossa intencionalidade se constitui nas trocas com os limites. A própria forma é constituída por limites. Uma gestalt é formada de limites. As figuras, as configurações são dadas por limites. A própria gestalt-terapia poderia se chamar limitoterapia. E esta mudança de nome talvez seja bastante esclarecedora, mas, se ela esclarece algo, é justamente por seu caráter redundante. Porque falar de uma terapia dos limites é ser redundante. É sempre com limites que estaremos lidando. São dignos, sempre, de nossa máxima atenção.

Awareness, esta palavra estrangeira, que talvez devêssemos traduzir como contato com o mistério, talvez nada mais seja do que uma relação adequada com os limites. *Awareness*, a relação adequada com a forma. A forma. A deusa forma de todos os artistas. A paixão, a veneração, a finalidade última, a dedicação exclusiva de toda criação. O segredo de toda realização. A relação entre forma e conteúdo. A adequação, a identidade entre forma e conteúdo. A finalização, o fechamento de toda gestalt.

Pensar limites é pensar possibilidades. *Awareness*, uma forma de atenção sobre a forma. *Awareness*, uma reflexão da forma sobre si mesma.

Consciência, esta forma capaz de se debruçar sobre si mesma. Consciência, esta forma que se constitui em relação. Consciência sob a forma de sabedoria. Conciência, esta forma implicada em si mesma. Mas quem já não viveu perdido neste labirinto? O de estar apenas consigo mesmo? Isolado, porque remoendo, remordendo, como a cobra tentando engolir o próprio rabo? Envolver e desenvolver. Abrir e fechar. *Awareness*. Esta divisão integrativa. Esta forma integrada de estar dividido. Sendo e sabendo o que se é. O que está sendo. Esta identidade entre forma e conteúdo. Agora, quando se está sendo. Esta identidade entre forma e conteúdo. Agora, quando se está sendo. Agora. Esta harmoniosa integração entre meios e fins. Este sendo o vir a ser. Esta dupla mão de direção onde o presente constitui o futuro. Onde o futuro inspira o presente. Onde o passado é reencontrado como lugar onde todas as sementes já foram plantadas. Agora, o momento de transplantar para o futuro as mudas do viveiro do passado.

Permitam-me agora transplantar para o futuro uma semente, uma muda do viveiro de nosso passado. A Jean ontem à noite andou contando para vocês um pouco da nossa história com a gestalt-terapia. Lá pelos finais dos anos 70 éramos um grupo de pessoas tentando criar e consolidar o que haveria de ser a gestalt-terapia entre nós. Não éramos os únicos, certamente. E muito, certamente, foi feito por outras pessoas em outros estados. Mas em São Paulo éramos muito sérios. Sérios demais talvez. E tínhamos muito receio de que a gestalt-terapia fosse mal utilizada, mal entendida, mal interpretada. Por outro lado, já era muito grande a diversificação e o desenvolvimento da gestalt-terapia a que tínhamos acesso na literatura, de língua inglesa basicamente.

Como definir a gestalt-terapia? Como caracterizá-la? Em torno de que instrumental teórico e de que práticas haveríamos de nos agrupar e trabalhar como gestalt-terapeutas? Quebrávamos a cabeça, às vezes uns dos outros, para entendermos, definirmos, traduzirmos a conceituação e a prática da gestalt-terapia. Pois saibam que mais de dez anos passados essas nossas dificuldades inspiraram e orientaram em 1989 o temário do II Encontro Nacional de Gestalt-terapia realizado em Caxambu. Pois bem. Permitam-me que lhes conte uma outra semente que plantamos em nosso viveiro, para que eu possa, agora, transplantá-la em vocês para o futuro. Acaso serão vocês a boa terra que acolhe esta semente? Ou esta mudinha? Não se preocupem, nem queiram segurar nada. Como a árvore que não se preocupa em soltar suas sementes ao vento. Apenas estejam atentos. Neste encontro, durante estes três dias muitas sementes serão lançadas. Não se sobrecarreguem com as que não lhes pertençam. Acolham somente as que lhes falem ao coração. As que já lhes pertencem de alguma maneira. As que em vocês já foram plantadas. Estejam atentos àquilo que sobre vocês exerce atração. Àquilo que possa redespertar ou colocar em movimento o que já vive em vocês.

Pois bem, mas tenho mesmo uma muda que semeamos lá pelo fim dos anos 70. Permitam-me transplantá-la para o futuro, em alguns de vocês. Naquela altura finalmente nos agrupamos em torno da idéia de que o que poderia servir de núcleo da prática da gestalt-terapia seria o experimento. Quebramos muito a cabeça e, muitas vezes, uns dos outros, para conceituarmos o que fosse experimento.

Éramos obstinados e um tanto quanto cerebrais. Esquecíamos de uma outra máxima da gestalt-terapia que nos orienta para esquecermos a mente e retornarmos aos sentidos. Talvez nos ocupássemos com os jogos do poder.

Hoje, agora, deixem que lhes conte com o frescor desta primavera em pleno outubro de 1991 que devemos experimentar com os sentidos, com a imaginação, como quem experimenta um bolo. Experimentem recordar. Experimentem imaginar. Experimentem sentir. Quando se convida alguém para experimentar uma comida que está sendo preparada, há a noção implícita de que não se sabe como está o tempero, o cozimento, o sabor, a consistência.

É esta a noção de experimento quando convido um cliente a experimentar. É assim também que lhes proponho que pensemos a noção de dificuldade ou a questão dos limites. Experimentem. Nunca acreditem em pressupostos. Tateiem. Apalpem. Proponham que o cliente experimente. Não acreditem em limites inexistentes. O que ainda agora ali estava pode, se abordado de outro modo, não mais aqui estar. Ah! O como! Qual a forma? O como da gestalt-terapia. A deusa forma de todos os artistas. Que não existe. Não está pronta! Há de ser descoberta, criada a dois neste exato momento. Quando você está diante de seu cliente. É só você e ele. E nada. Nada que o possa ajudar. Apenas vocês dois. E vocês estarão diante da seguinte tarefa: terão de transplantar as mudas do viveiro do passado. Do seu e do dele. Agora, para a terra do acolhimento, onde possa se desenvolver tudo aquilo que carece de suceder. Mas lembrem-se de Buber: "Todo ato é sagrado. Pois imola no altar da forma a infinita gama das possibilidades".

Quero lhes propor um experimento. Quero que vocês experimentem. Mas antes permitam-me ser impertinente. Quero lhes dar uma bronca danada. Um pito mesmo. Um puxão de orelhas daqueles bem ardidos. Para que vocês não se esqueçam nunca mais. Sempre que vocês estiverem diante de um limite, de alguma coisa difícil, quero que vocês se lembrem apenas de uma coisa: você um dia foi semente. Você certamente já se esqueceu. Como todo mundo. Mas um dia você já foi semente. E mais: antes disso você sequer existia. Você era uma impossibilidade. Depois você foi um dia uma reles sementinha. Quando você estiver diante de um limite, de algo mesmo impossível, lembre-se apenas disto: torne a ser semente. Por que antes de ser semente o que existe é sempre uma impossibilidade.

Aforismos

A cada coisa que aprender
É preciso reaprender
O não saber.

Se você souber
o não saber
há muito o que aprender.

O verdadeiro saber
É transparente.
Não esconde o não saber.

Saber o não saber
É saber o invisível

Desfrutar o não saber
É resgatar
A alegria de aprender.

Saber o como
E não fazer
Nos torna livres
Pra aprendermos
O que e o quando
Fazer e não fazer.

Todo saber que se agita
Ofusca e obscurece.
A sabedoria silencia o saber.

A sabedoria é
Uma luz que nos acompanha
Quando sozinhos silenciamos.

Quando o saber se aquieta
A vida se move ao redor.

3

Polaridades:

UMA POSSIBILIDADE DE APLICAÇÃO NOS CONCEITOS DA GESTAL-TERAPIA*

RESUMO

O presente trabalho é composto por duas séries de postulados e um conjunto de proposições. A primeira série de postulados define o que é *polaridade*, seus elementos, seu funcionamento e disfunções (12 postulados). A segunda série de postulados, chamados de *postulados gestálticos*, é uma tentativa de verter para a recém-criada conceituação de polaridade, alguns conceitos e práticas utilizados pela gestalt-terapia, visando fornecer uma base conceitual consistente para tais práticas (22 postulados). Finalmente, o conjunto de proposições apresenta um exemplo de utilização prática desse instrumental teórico como um modo de fundamentar e aprimorar a prática do Hotseat. Do texto constam algumas notas que procuram mostrar como se pode raciocinar em termos de polaridades com benefícios para a prática clínica.

Polaridades

Postulados — *Série A*
Polaridade

A/1. Polaridade é um sistema de dois pólos que se constituem mutuamente através de sua interação necessariamente complementar.

A/2. Pólo é um elemento constituído por quatro valências, sendo que necessariamente metade delas se encontram carregadas com as características que lhe são próprias e a outra metade é carregada com as características possuídas por seu pólo complementar.

---
* São Paulo, maio de 1990/janeiro de 1992.

A/3. Valência — é a unidade que transporta de um pólo a outro a característica (carga, conteúdo, qualidade) que, juntamente com seu complemento, constitui a polaridade.

A/4. Polaridade — é um sistema fechado, no sentido de que não há troca de valências entre uma polaridade e outra. Só há troca de valências entre os pólos que a constituem.

A/5. A ação de uma valência no seu pólo de origem é diferente, oposta e complementar à sua ação no pólo complementar.

Nota 1: Por exemplo, a atividade no pólo pênis o expande, enquanto a atividade no pólo vagina a contrai. A receptividade no pólo vagina a expande, enquanto a receptividade no pólo pênis o contrai (recolhe).

A/6. Polarização — é a troca de valências que ocorre entre os dois pólos ao ser ativada uma polaridade. Em outras palavras, polarização é a troca de valências ocorrida quando dois pólos se cruzam numa polaridade ativada.

A/7. Desequilíbrio — se um pólo perde sua condição de equilíbrio, isto é, se não está com metade de suas valências carregadas com suas próprias características, e a outra metade carregadas com as características do pólo complementar, a polaridade se desequilibra.

A/8. O desequilíbrio do pólo pode se verificar em duas direções. A primeira aproxima-o de seu complemento, o que ocasiona a perda de uma das valências que carrega sua própria característica e sua substituição por uma valência com a característica de seu complemento. O segundo tipo de desequilíbrio o afasta de seu complemento, o que ocasiona a perda de pelo menos uma das valências carregadas com a característica do seu complemento e sua substituição por uma valência com sua própria característica.

A/9. Contrapolarização — se um pólo perde uma valência carregada com sua própria característica, este processo é chamado contrapolarização. E o pólo passa a ser denominado contrapólo.

A/10. Despolarização — se um pólo perde uma valência carregada com a característica de seu complemento, este processo é chamado despolarização e o pólo passa a ser denominado isopólo.

A/11. Repolarização — o processo de restabelecimento do equilíbrio de uma polaridade denomina-se repolarização, qualquer que tenha sido a direção de seu desequilíbrio anterior, isto é, quer se trate de uma despolarização ou uma contrapolarização.

A/12. Constelação — é um sistema constituído por duas ou mais polaridades em atuação concomitante.

Série B
Postulados gestálticos

B/1. A ativação de uma polaridade gera contato.
B/2. Contato é a troca de características do pólo e de seu complemento, o que gera significados.
B/3. Significados são sempre resultados das trocas que ocorrem na interação do pólo e seu complemento.
B/4. Despolarização e contrapolarização geram alterações de contato e, portanto, de significados.
B/5. *Awareness* é focalização da experiência viva (portanto, presente).
B/6. *Awareness* supõe alguma forma de sintonização do pólo e de seu complemento. Sintonia, portanto, das características constitutivas da polaridade em atuação. O que vale dizer, *awareness* supõe alguma forma de apreensão da figura e do fundo.
B/7. *Awareness* é, de alguma maneira, a percepção da troca de características que ocorre entre o pólo e seu complemento quando ocorre a polarização.
B/8. *Awareness*, portanto, é o que possibilita a realização e apreensão de alterações de significados, de contatos, bem como a repolarização de contrapolarizações e despolarizações.

Nota 2: No exemplo da nota 1 acima, de interação dos pólos pênis-vagina, *awareness* no pólo pênis supõe receptividade de duas formas: atenção presente não apenas na atividade, mas também atenção presente a como o pênis está sendo conduzido pelo movimento da pélvis e como ele está sendo recebido pela atividade do complemento vagina. Da mesma forma, *awareness* no pólo vagina supõe não apenas atenção presente na receptividade, mas também atenção presente na atividade que contrai a vagina, intensificando o contato com o pólo pênis. Portanto, como se queria exemplificar, *awareness* supõe alguma forma de focalização das caraterísticas que constituem os dois pólos em atuação.
B/9. A atenção é o elemento que orienta e possibilita a organização da percepção (formação reticular). Portanto, do ponto de vista da pessoa que percebe, é o elemento fundamental para formação da figura.
B/10. É sobre a atenção que exercemos toda forma de intencionalidade sobre nosso próprio funcionamento, seja no sentido da organização de nossas experiências, seja no sentido de evitar a experiência.
B/11. É sobre a atenção e, portanto, sobre a percepção, que atuam os desejos e os medos, as expectativas e as lembranças (futuro e passado), as necessidades e as intencionalidades.

B/12. *Awareness* é uma forma específica de atenção. Que, como ficou dito no postulado B/8, possibilita a realização e apreensão de novos significados; mudança de significados podendo ser definida como alteração das características ao passarem do pólo para o complemento e vice-versa (postulado A/11, que define polaridades).

B/13. Contrapolarização e despolarização geram significados que incomodam, perturbam, transformam-se em negócios inacabados que interferem no processo de formação e fechamento de uma gestalt.

B/14. Dos postulados B/8 e B/12 extrai-se a máxima da gestalt-terapia: *awareness* em si e por si tem um efeito terapêutico.

B/15. A atuação terapêutica se dá sobre a atenção, visando a transformá-la em *awareness*. Como uma forma de reequilibração das polaridades em atuação.

B/16. A abordagem gestáltica utiliza-se da *awareness* do terapeuta para atuar sobre a atenção do cliente visando transformá-la em *awareness* para permitir mudança de significados (repolarização).

B/17. A prática do Hot-seat pode proporcionar experiências propiciatórias de novas formas de o cliente relacionar-se consigo mesmo e conseqüentemente com os outros.

B/18. A prática do Hot-seat constitui-se em instrumento singular e original da gestalt-terapia de observação dos modos como o cliente se relaciona consigo mesmo e conseqüentemente com os outros.

B/19. A prática do Hot-seat proporciona ao cliente novas formas de dialogar consigo mesmo, de se conhecer e integrar aspectos de si mesmo. Constitui-se, portanto, em importante instrumental prático para desenvolver no cliente o modo de relação Eu-Tu consigo mesmo e com os outros.

Nota 3: A prática do Hot-seat, bem como outras práticas da gestalt-terapia ditas mais ativas, não se constituem em instrumentos mais perigosos ou sequer mais poderosos do que as práticas essencialmente verbais das outras abordagens psicoterapêuticas. Apenas por se constituírem em modos novos e inusuais de se relacionar com o cliente e de propor que o cliente se relacione consigo mesmo, tornam-se muito mais claramente observáveis os modos adequados e inadequados como são utilizados. Para o terapeuta, sim, essas práticas são mais perigosas, uma vez que se torna mais transparente a sua adequação ou inadequação. Não se cometem erros maiores ou de conseqüências mais desastrosas. Apenas se cometem erros mais evidentes. O cliente rapidamente desenvolve e acirra defesas contra inadequações na aplicação de tais práticas. O que nem sempre é verdade com relação à sutileza das inadequações verbais do terapeuta. Tais práticas saíram de moda porque como moda foram utilizadas. Sem dúvida, têm sua contribuição a dar. E não devem servir de bode expiatório para a maneira descuidada como foram utilizadas. Ainda que possa ter estado em moda criticá-las.

B/20. Despolarização e contrapolarização geram alterações de contato e, portanto, de significados.

B/21. Constelação é um sistema constituído por duas ou mais polaridades que estejam em atuação concomitante.

B/22. Numa constelação, o desequilíbrio de uma polaridade pode ou não afetar o desequilíbrio das outras polaridades em atuação concomitante. E, inversamente, a repolarização de uma polaridade pode ou não repolarizar as outras polaridades em atuação concomitante.

Proposições

1 — Para efeitos da prática do Soft-seat, considera-se que cada polaridade em atuação terá cada um de seus pólos em uma das almofadas. Isto é, o pólo A que aparece na Soft-seat (cadeira macia) terá o seu complemento A na Thou-chair (cadeira do tu). E assim respectivamente com cada polaridade presente na constelação atuante.

Nota 4: Na presente proposição adota-se uma mudança de denominação: Hot-seat se transforma em Soft-seat e Empty-chair passa a ser chamada de Thou-chair. Adiante irá se propor o estabelecimento de uma terceira almofada como a It-chair (cadeira do isso). Essas mudanças de denominações são inspiradas na conceituação de Buber, que define os dois modos de ser do homem ao relacionar-se com os outros e com as coisas.

2 — Na prática do Soft-seat, busca-se a repolarização através da passagem de uma característica de um pólo para o seu complemento. Isto é, qualquer coisa que esteja atuando, digamos, na Thou-chair e que, portanto, está interagindo e constituindo alguma característica na Soft-chair, se passar a atuar no outro pólo da polaridade poderá ocasionar a repolarização.

Nota 5: É essencial perceber que de acordo com o postulado A/1 da série inicial, qualquer coisa que esteja atuando na Thou-chair é constituída por sua interação com alguma coisa que esteja atuando na Soft-chair, bem como está constituindo alguma coisa na Soft-chair. É por isso que, se alguma característica atuando na Thou-chair passar a atuar na Soft-chair, haverá uma mudança em ambos os pólos e isso pode ocasionar uma repolarização. Note-se ainda que ao passar de um pólo a outro, uma característica atua de forma diferente oposta e complementar ao modo como ela atuava no pólo em que se encontrava. (É isso que pode gerar uma mudança de significados.)

Exemplo: É clássico em Perls o exemplo da interação de "Top-dog Under-dog". O pólo Top-dog é caracterizado como Crítico, Acusativo, Onipotente, Mandão e vive fazendo cobranças ao pólo Underdog. Que por sua vez se caracteriza como Evasivo, Irresponsável, Impotente e vive apresentando desculpas por não fazer o que o Topdog manda. Suponhamos que o terapeuta oriente o Under-dog no sentido de se tornar crítico e interpelar o Top-dog. (Como uma tentativa de passar uma característica em atuação no Top-dog para o complementar Under-dog. Note-se que ser interpelativo para o Underdog é diferente do modo de ser interpelativo como Top-dog.) Suponhamos que ao ser interpelativo o Under-dog pergunte ao Top-dog: "Ei, meu, por que é que você não pára de criticar e não colabora?". Ao que o Top-dog pode responder, bem a seu modo: "Você não merece ajuda, você é um incapaz que vive se desculpando e evitando fazer qualquer coisa". Suponhamos que o terapeuta aponte para o fato de que o Top-dog continua querendo mandar, ser crítico e que na verdade ele é que está sendo evasivo. E que o cliente tente fazer com que o Top-dog se desculpe e efetivamente se disponha a obedecer ao Under-dog. (Também aqui o que pode gerar mudança de significado é que ser obediente para o Top-dog é diferente da maneira de ser obediente do Under-dog.) Note-se que ambos, de maneira oposta e complementar, são evasivos e não assumem responsabilidades. (Outra palavrinha muito querida de Fritz.) Note-se ainda que para o Top-dog obter colaboração do Under-dog é necessário que ele colabore primeiro. Suponhamos que o terapeuta pergunte ao cliente qual dos dois o cliente supõe mais facilmente disposto a mudar primeiro para uma atitude de colaboração. Suponhamos que o cliente diga que não é capaz de dizer. (Under-dog em atuação?) O terapeuta poderia perguntar se o cliente sabe dizer quando ele é mais capaz de ter uma atitude de colaboração com os outros. (Como Under-dog de um modo submisso, defletido, ou como Top-dog de um modo superior, projetivo.) Top-dog/Under-dog é um caso nítido de despolarização. Houve afastamento dos pólos, cada um perdeu uma valência carregada com a característica de seu complemento. Um projeta, o outro deflete ou introjeta. O exemplo poderia se desdobrar e muitas hipóteses poderiam ser aventadas. Tal como a de que o cliente "faz" com o terapeuta o mesmo que "faz" consigo próprio, isto é, porta-se como Under-dog na relação com o terapeuta de uma forma explícita e de uma forma implícita critica o terapeuta acusando-o de não eficiente, não colaborador etc., etc., etc. Mas, para efeitos do que se desejava exemplificar, pode-se considerar que é possível conseguir uma repolarização através de tentativas de passagem de características atuantes no pólo para o seu complemento. Isto é, talvez possamse conseguir repolarizações através de tentativas de passar características da Soft-chair para a Thou-chair. E conseguir-se, portanto, mudanças de contato e significados.

3 — Quando se trabalha na prática do Soft-seat, procura-se inicialmente identificar as polaridades que estão em atuação concomitante. Em seguida, escolhe-se uma polaridade para trabalhar. (Dependendo das condições talvez seja mais adequado trabalhar com a que estiver mais nitidamente desequilibrada, e que, portanto, estaria incomodando mais. Em outras condições talvez o melhor seja o contrário; sempre se pode consultar o cliente.)

4 — Depois de escolhida a polaridade com a qual se vai trabalhar procura-se escolher que característica presente na Soft-seat vai se tentar passar para a Thou-chair. Na escolha desta característica, é útil lembrar que a sua atuação será oposta ao modo como ela estava atuando na outra almofada. Somente a prática clínica poderá desenvolver a "sensibilidade clínica" que orientará com maior adequação a escolha da característica que tem maiores chances de repolarização da polaridade ao passar de um pólo a outro. Isto é, da Soft-seat para a Thou-chair, ou vice-versa. No caso Top-dog/Under-dog, a característica interpelativa ao passar do Top-dog para o Under-dog pode assumir feições (por ser inibido, por parar de se sentir culpado e se desculpar, por mostrar alguma firmeza, por surpreender com sua raiva, etc.) que gerem cooperação do Top-dog. O caráter onipotente do Top-dog pode ser instigado da seguinte forma: "Já que você sabe tudo, como é que você pode ajudar?" Ou o caráter paternalista-crítico do Top-dog pode se transformar em paternalista-fazer-por-ele. O importante, no caso de uma despolarização, é gerar alguma forma de aproximação, ainda que desajeitada, em suas manifestações iniciais. A fenomenologia clínica, bem sabe aquele que a pratica, é absurdamente complexa e sutil, requerendo que se façam discriminações finíssimas, sem o que a vaca vai pro brejo. Longe se está de receitas prontas ou de varinhas mágicas. Ou, mesmo que as tenhamos, elas são intransferíveis. Cada terapeuta há de descobrir e cultivar as suas plantas com que um dia cozerá ou confeccionará suas próprias varinhas. O mistério permanece: quando e como utilizá-las.

5 — O modo de se relacionar Eu-Tu da conceituação de Buber, se atuando em uma polaridade desequilibrada tende a se transformar em uma contrapolarização, isto é, numa aproximação excessiva com o complemento e, portanto, numa dificuldade de diferenciação do indivíduo de seu meio. Tende a produzir confluência e ne-

gação de diferenças. E, analogamente, o modo de se relacionar Eu-Isso da conceituação de Buber, se atuando numa polaridade desequilibrada tende a se transformar em uma despolarização, isto é, num afastamento excessivo do complemento e, portanto, numa dificuldade de assimilação e desenvolvimento do indivíduo nas suas trocas com o seu meio. Tende a produzir projeções, negação de semelhanças e definição de identidade por oposição.

6 — De um modo geral, a repolarização de uma contrapolarização necessita de um afastamento dos pólos. E, inversamente, a repolarização de uma despolarização necessita de uma reaproximação dos pólos. Contrapolarização é uma resolução prematura do conflito. Que tende a evitá-lo. Despolarização é um acirramento do conflito que tende a perpetuá-lo, impedindo a sua resolução.

7 — Pode-se verificar a utilidade de uma terceira almofada como o lugar-do-isso, isto é, a It-chair onde se procurará repolarizar uma despolarização. Analogamente a como se propôs que a Thou-chair seja utilizada para repolarizar uma contrapolarização.

4

Polaridades: fundamentos*

RESUMO

O presente trabalho é composto por quatro séries de postulados. A primeira série de postulados define o que é polaridade, seus elementos, seu funcionamento e disfunções (12 postulados). A segunda mostra como se origina uma polaridade, descrevendo as quatro fases de geração de uma polaridade (16 postulados). A terceira série descreve como uma polaridade é ativada, como a própria atividade ocasiona o crescimento da polaridade e que forma adquire uma polaridade desenvolvida (19 postulados). A quarta série de postulados se refere à quantidade de atividade possível para uma polaridade e como uma ativação acima da capacidade, ou abaixo das necessidades da polaridade, gera os dois tipos de disfunção a que está sujeita a polaridade (14 postulados).

Polaridades
Postulados — Série A

A/1. Polaridade é um sistema de *dois pólos que se constituem mutuamente através de sua interação necessariamente complementar* (vide série B).

A/2. Pólo é um elemento constituído por quatro valências, sendo que necessariamente metade delas se encontra carregada com as características que lhe são próprias e a outra metade é carregada com as características possuídas por seu pólo complementar.

A/3. Valência — é a unidade que transporta de um pólo a outro a característica (carga, conteúdo, qualidade) que, juntamente com seu complemento, constitui a polaridade.

---
* São Paulo, maio/1990

A/4. Polaridade — é um sistema fechado, no sentido de que não há troca de valências entre uma polaridade e outra. Só há troca de valências entre os pólos que a constituem.

A/5. *A ação de uma valência no seu pólo de origem é diferente, oposta e complementar à sua ação no pólo complementar* (vide série B). Por exemplo, a atividade no pólo pênis o expande, enquanto a atividade no pólo vagina a contrai. A receptividade no pólo vagina a expande, enquanto a receptividade no pólo pênis o contrai (recolhe).

A/6. Polarização é a troca de valências que ocorre entre os dois pólos ao ser ativada uma polaridade. Em outras palavras, polarização é a troca de valências ocorrida quando dois pólos se cruzam numa polaridade ativada.

A/7. Desequilíbrio — se um pólo perde sua condição de equilíbrio, isto é, se não está com metade de suas valências carregadas com suas próprias características, e a outra metade carregada com as características do pólo complementar, a polaridade se desequilibra.

A/8. O desequilíbrio do pólo pode se verificar em duas direções. A primeira aproxima-o de seu complemento o que ocasiona a perda de uma das valências que carrega sua própria característica e sua substituição por uma valência com a característica de seu complemento. O segundo tipo de desequilíbrio o afasta de seu complemento o que ocasiona a perda de pelo menos uma das valências carregadas com a característica do seu complemento, e sua substituição por uma valência com sua própria característica.

A/9. Contrapolarização *(vide série D)* — se um pólo perde uma valência carregada com sua própria característica, este processo é chamado contrapolarização. E o pólo passa a ser denominado contrapólo.

A/10. Despolarização *(vide série D)* — se um pólo perde uma valência carregada com a característica de seu complemento, este processo é chamado despolarização e o pólo passa a ser denominado isopólo.

A/11. Repolarização — o processo de restabelecimento do equilíbrio de uma polaridade denomina-se repolarização, qualquer que tenha sido a direção de seu desequilíbrio anterior, isto é, quer se trate de uma despolarização ou uma contrapolarização.

A/12. Constelação — é um sistema constituído por duas ou mais polaridades em atuação concomitante.

Postulados — Série B
Gênese e desenvolvimento de uma polaridade

B/1. Matriz de uma polaridade — é constituída por dois pólos embrionários, indiferenciados, que giram numa órbita circular.

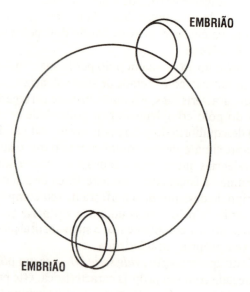

Ilustração 1

B/2. Órbita de uma polaridade — é a trajetória percorrida pelos seus pólos e define o espaço de mobilidade possível aos pólos.

B/3. Quando os embriões de pólo amadurecem, a camada do embrião que se encontra na posição posterior, relativamente ao sentido do movimento do pólo em sua órbita, se desprende do outro embrião por ação de uma força centrífuga que o desloca para uma órbita circular contígua à órbita da matriz embrionária. E passa a percorrê-la em sentido contrário daquele que possuía em sua órbita de origem.

INÍCIO DA POTENCIALIZAÇÃO

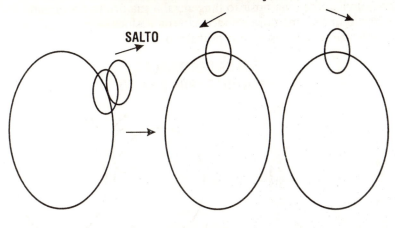

Ilustração 2

B/4. Germinação — inicialmente, o eixo do pólo gira na sua órbita como um prolongamento dos raios da circunferência que corresponde ao círculo de sua órbita. O amadurecimento dos embriões provoca um deslocamento do eixo do pólo no mesmo sentido de sua trajetória na órbita.

GERMINAÇÃO

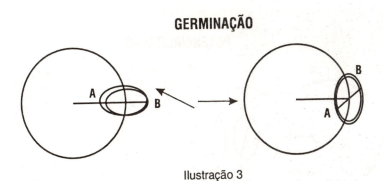

Ilustração 3

B/5. No momento em que os embriões estão maduros, o eixo do pólo assume uma posição tangencial à sua órbita e a camada do embrião que se encontra na face externa desloca-se para uma nova órbita, conforme descreve o postulado B/3.

FIM DA GERMINAÇÃO
PRONTIDÃO PARA O SALTO

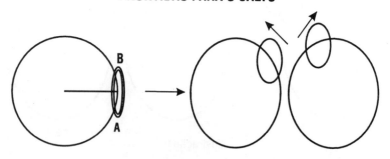

Ilustração 4

B/6. O sentido do movimento do pólo que originou a segunda órbita, por ser contrário ao sentido do movimento da órbita da matriz, carrega o pólo com uma valência oposta, diferente e complementar ao sentido do pólo que permaneceu na órbita original.

B/7. O raio do pólo que se deslocou para a nova trajetória sofre um giro de 180° antes de assumir sua posição de prolongamento do raio de sua nova órbita.

POTENCIALIZAÇÃO

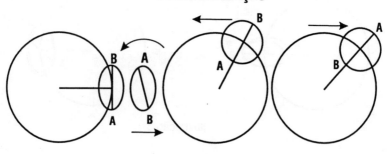

Ilustração 5

B/8. De modo que o ponto B, que no início da germinação era interno à órbita original, passa a ser externo em relação à nova órbita, contígua à anterior.

B/9. Portanto, de acordo com o descrito em B/5, B/6, B/7 e B/8, o pólo deslocado sofre três modificações: deslocamento para uma órbita contígua, inversão do sentido do movimento na nova órbita e rotação do próprio eixo. Ao conjunto desses três eventos denominamos potencialização.

B/10. Justaposição — a próxima fase de formação de uma polaridade se processa da seguinte forma: cada hemipólo, em sua órbita, começa a gerar um duplo, justaposto a si mesmo. Essa fase denomina-se justaposição e tem por finalidade adquirir uma segunda valência, carregada com o mesmo sentido da órbita de cada hemipolaridade.

JUSTAPOSIÇÃO

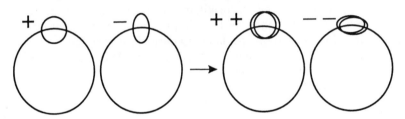

Ilustração 6

B/11. Integração — uma vez concluída a justaposição, ocorre a integração. Na integração, a hemipolaridade, duplicada na justaposição, desloca-se, retornando à órbita de origem. Isso se dá no momento em que as duas hemipolaridades passam pelo ponto de tangência de suas órbitas contíguas.

INTEGRAÇÃO

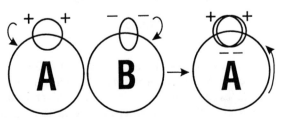

Ilustração 7

B/12. Realizada a integração, temos como resultado o pólo propriamente dito. Este é constituído por quatro camadas.

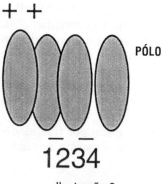

Ilustração 8

Onde: a primeira é (+), originária da germinação do embrião; a segunda é (+), formada na fase de justaposição; a terceira é (-), originária do embrião que foi lançado para efetivar potencialização (diferenciação) e a quarta é (-), formada na fase de justaposição (duplicação) na órbita contígua.

Nota: Para efeitos de notação, representa-se o pólo:

POSIÇÃO DAS VALÊNCIAS

Ilustração 9

Na posição (1)/esquerda-superior, coloca-se a valência da primeira camada; na posição (2)/direita-superior, a valência da segunda camada; na posição (3)/esquerda-inferior, a valência da terceira camada, e na posição (4)/direita-inferior, a valência da quarta camada.

B/13. Agora vejamos o que aconteceu com o segundo embrião da matriz da polaridade: o segundo embrião realizou exatamente as mesmas fases de desenvolvimento, só que na direção oposta.

MATRIZ DA POLARIDADE

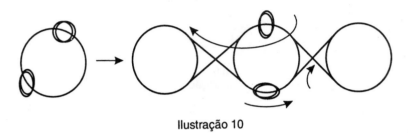

Ilustração 10

De onde, portanto, redefinimos:

B/14. A matriz de uma polaridade é constituída por dois embriões de pólos indiferenciados que percorrem uma órbita circular em sentido oposto, onde cada embrião é constituído de duas camadas justapostas.

B/15. Somente se justifica a atribuição de sinal para o sentido da rotação do embrião na órbita após a fase de potencialização. Isto é, depois de ter ele adquirido a possibilidade de inverter o sentido de sua rotação na órbita contígua.

Nota: Para efeitos de notação, atribui-se o sinal (+) ao movimento que o embrião realiza ao percorrer o semicírculo superior da órbita da direita para a esquerda (sentido anti-horário). E, de modo complementar, atribui-se o sinal (-) ao movimento que o embrião realiza ao percorrer o semicírculo superior da órbita da esquerda para a direita (sentido horário).

B/16. Então, após a integração, temos:

POLARIDADE COM UM PAR DE PÓLOS

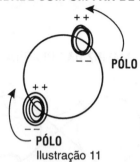

Ilustração 11

Resumindo, as fases de nascimento de uma polaridade são:

1ª — *Germinação*
a. Maturação
b. Rotação do eixo AB 90
c. Deslocamento

2ª — *Potencialização*
a. Deslocamento para órbita contígua
b. Rotação do eixo AB 180° — BA
c. Inversão do sentido do movimento na órbita contígua

3ª — *Justaposição* (duplicação)
a. Criação da segunda camada da mesma valência (maturação)
b. Rotação do eixo BA 90°

4ª — *Integração* — a. Deslocamento para órbita matriz
b. Acoplamento das quatro camadas
Notas — Podemos notar que:

a. As fases de germinação e duplicação constituem fases de maturação e requerem repouso, enquanto as fases de diferenciação e integração constituem fases de mudança de órbita e requerem atividade.
b. Germinação e duplicação são fases de permanência na mesma órbita. Diferenciação e integração implicam mudança de órbita.

Algumas características das fases descritas

Germinação	Potencialização	Justaposição	Integração
Repouso	Atividade	Repouso	Atividade
Recolhimento	Expansão	Recolhimento	Expansão
Maturação	Progressão	Repetição	Regressão
Prontidão	Aprendizagem	Assimilação	Aquisição
Preparação	Ida	Preparação	Volta

Postulados — Série C
Ativação e desenvolvimento da polaridade

C/1. Como resultado da formação da polaridade, temos que:

ATIVAÇÃO DA POLARIDADE

Ilustração 12

Onde:
Na potencialização os pólos aprenderam a saltar no caminho de ida, na integração os pólos aprenderam a saltar no caminho de volta. O que resulta em:

C/2. Órbita de uma polaridade desativada (repouso):

POLARIDADE DESATIVADA

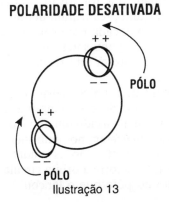

Ilustração 13

111

SENTIDO DO MOVIMENTO DOS EMBRIÕES

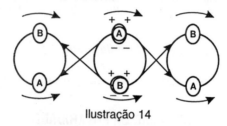

Ilustração 14

Onde se observa:

a. Os dois pólos sempre percorrem a órbita na mesma direção e sempre em sentidos contrários.

b. As valências se alternam em cada ciclo da órbita; assim, a valência (+) ora encontra-se no lado interno da órbita, ora no lado externo.

c. Numa órbita composta por três ciclos, os pólos se cruzam quatro vezes.

d. Entretanto, polarizam somente duas vezes no cruzamento, isto é, na mudança de ciclo, onde ocorre a inversão do sentido de sua trajetória no semicírculo que constitui o ciclo.

C/4. Uma polaridade que foi ativada um certo número (x) de vezes e cujos pólos, portanto, realizaram um número (xy) de polarizações solta filhotes. Isto é, cada pólo solta dois embriões de pólo.

C/5. Isso acontece nos pontos mais distantes da órbita da polaridade onde os pólos se cruzam sem realizar a polarização, isto é, sem troca de valências.

C/6. O nascimento de filhotes ocorre na primeira ocasião em que a polaridade for ativada depois da maturação dos pólos. Isto é, depois que os pólos tiverem realizado um número (xy) de polarizações

C/7. Os pólos não interferem nos embriões durante todo o processo de desenvolvimento destes (novas unidades de transporte).

C/8. Cada embrião percorre a órbita circular em que foi lançado no mesmo sentido do pólo que o lançou.

A SEGUNDA GERAÇÃO DE EMBRIÕES

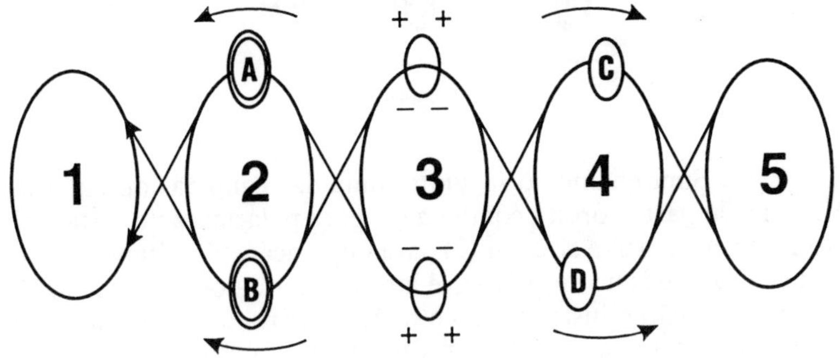

Ilustração 15

C/9. Cada par de embriões inicia seu processo de desenvolvimento cumprindo as quatro etapas descritas: germinação, potencialização, justaposição e integração. Para tanto, fazem uso de uma órbita contígua para potencialização e justaposição os embriões que forem lançados para as extremidades; e de uma órbita central para potencialização e justaposição, os embriões que forem lançados para o centro.

C/10. Todas as demais gerações de embriões, a partir desta segunda, que está sendo descrita, ocorrem de modo diferente da primeira geração: as quatro etapas do processo de formação do pólo não têm ocorrência simultânea no par pertencente à mesma órbita circular. Sua ocorrência é seqüencial. Um pólo se constitui e, depois, o outro inicia seu processo de formação. Entretanto, o processo é simultâneo e complementar ao que ocorre nas duas extremidades da polaridade como um todo. Tais fatos têm conseqüências definitivas na forma que assume a órbita da polaridade como um todo.

POLARIDADE COM TRÊS PARES DE PÓLOS

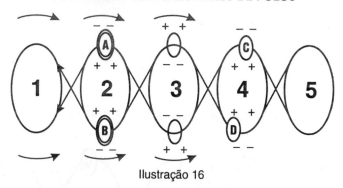

Ilustração 16

C/11. Suponhamos o seguinte: uma das camadas do embrião A é lançada para a órbita contígua (1) para polarização e justaposição e retorna à órbita circular (2) para integração; simultaneamente, uma das camadas do embrião C é lançada para a órbita circular (3) para polarização e justaposição e retorna à órbita circular (4) para integração. Terminada essa operação, os embriões passam por processo análogo: B passa por potencialização e justaposição em (3) e integração em (2) e, simultaneamente, D passa por potencialização e justaposição em (5) e integração em (4).

C/12. Como resultado, teremos:

TORÇÃO DO EIXO DA POLARIDADE

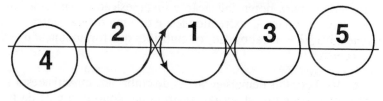

Ilustração 17

onde temos uma polaridade constituída por uma órbita composta de cinco círculos contíguos, com três pares de unidades polares — o par AB, o par CD, o par AlfaBeta, sendo um (AlfaBeta) da primeira geração e dois (AB e CD) da segunda geração.

C/13. Como resultado do postulado C/10, o desenvolvimento da órbita, que se realiza *pari passu* com o crescimento do número de pares de unidade polares, sofre uma torção no seu eixo longitudinal.

POLARIDADE COM 5 PARES DE PÓLOS

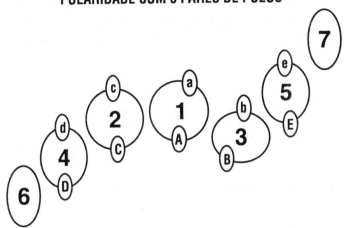

Ilustração 18

C14. E, sucessivamente, cada nova geração de unidades polares lança na extremidade da órbita novos embriões. E acrescenta, em cada extremidade, uma órbita circular contígua. Note-se que cada par de unidades polares lança seus embriões na extremidade oposta à em que nasceu, com implicações futuras.

Onde:

a. AA' é a unidade da 1ª geração.

b. BB' e CC' são pares de unidades polares da 2ª geração.

c. DD' e EE' são pares de unidades polares da 3ª geração.

d. BB' soltou os embriões de DD', e CC' soltaram os embriões de EE'.

e. A afirmação anterior (d) terá conseqüências futuras no desenvolvimento da forma da órbita da polaridade.

Nota: Para efeitos de notação, suponhamos que o salto dos embriões se deu primeiro para o lado esquerdo. Representa-se, então, o ramo esquerdo da polaridade como sofrendo uma torção para baixo. E o ramo direito, como tendo sofrido uma torção para cima.

C/15. Cada nova geração é formada por embriões filhotes da geração anterior. E, assim, a cada geração a polaridade ganha duas órbitas contíguas em suas extremidades. Ganha, também, dois novos pontos de polarização. E, finalmente ganha dois pares de unidades polares a mais.

C/16. O desenvolvimento de uma polaridade assume a forma de uma espiral que se desenvolve nas duas extremidades, para cima e para baixo.

C/17. Denomina-se fase de prevalência de um pólo sobre o seu complemento a fase de desenvolvimento de uma polaridade em que as características deste pólo são mais atuantes e, portanto, mais facilmente perceptíveis do que as características de seu complemento.

C/18. No desenvolvimento de uma polaridade alternam-se: fase de prevalência de um pólo; fase de equilíbrio, fase de prevalência do complemento e nova fase de equilíbrio.

C/19. Para efeitos de notação, considera-se fase de prevalência do pólo o quarto de círculo que inicia o crescimento do ramo ascendente da direita para a esquerda.

Série D
Quantidade de atividade possível para uma polaridade.
Origens das disfunções.

D/1. Dos 16 postulados referentes ao crescimento de uma polaridade, temos que:

a. Uma polaridade terá sempre um número ímpar de órbitas circulares que a compõem (n).

b. Uma polaridade terá (n-1) pontos de polarização (sempre par).

c. Uma polaridade terá (n-2) pares de unidades polares (sempre ímpar).

D/2. Cada par de unidades polares tem capacidade de carregar uma quantidade (q) das características que constituem a polaridade.

D/3. Cada par de unidades polares constitui uma unidade de transporte das características da polaridade.

D/4. A quantidade de atividade de uma polaridade é resultante de dois fatores: o número de unidades de transporte que ela tem e a velocidade com que essas unidades percorrem a órbita.

D/5. Se uma polaridade for ativada acima da capacidade de suas unidades de transporte, responderá no sentido de atender a esta ativação, aumentando a velocidade com que suas unidades de transporte percorrem a órbita, aumentando, pois, a freqüência das polarizações.

D/6. A partir de uma certa velocidade, o processo de polarização apresentará alterações de funcionamento que resultarão em descaracterização da polaridade, isto é, alteração nas características que a constituem, em ambas as valências, nos dois pólos.

D/7. O excesso de atividade de uma polaridade, seja pela freqüência de sua ativação, seja pela solicitação de uma intensidade que esteja acima da capacidade de suas unidades de transporte (o que exige excesso de velocidade), redunda em perturbação do processo de crescimento da polaridade (geração de novas unidades de transporte).

D/8. Embriões gerados sob as condições enunciadas no postulado anterior (D/7) apresentam uma malformação na quarta camada de formação dos pólos que constituem a unidade de transporte que está sendo gerada. Tal malformação tende a fazer com que a quarta camada dos pólos dessa unidade de transporte só troque de valências a cada duas polarizações, cada vez que a polaridade for ativada.

D/9. Disso resulta que essa unidade apresentará uma polarização completa, seguida de uma despolarização, nova polarização seguida de uma despolarização, e assim sucessivamente. Como resultado, pode acontecer que ela seja desativada com a unidade de transporte despolarizada.

D/10. E, mesmo quando desativada, tal polaridade "incomodará" quando possuir unidades de transporte no estado despolarizado, isto é, com três valências do próprio pólo e apenas uma do pólo complementar. Isso cria uma propensão para a ativação da polaridade com a finalidade de repolarização da unidade de transporte que apresenta despolarização.

D/11. Se uma polaridade possui várias gerações de unidades polares despolarizadas que, em estado de repouso, se alternam na condição despolarizada, isso gerará um círculo vicioso de hiperatividade da polaridade, o que redundará em mais gerações de unidades polares que apresentarão essa tendência. O que tenderá a agravar o desequilíbrio da polaridade.

D/12. A falta de ativação de uma polaridade, ao final da fase de maturação, isto é, quando os embriões estão prontos para serem lançados de ida, na fase de potencialização, redunda em perturbação do processo de crescimento da polaridade.

D/13. Embriões gerados sob as condições enunciadas no postulado D/11 apresentam uma malformação na segunda camada dos pólos que constituem a unidade de transporte que está sendo gerada. Tal malformação tende a fazer com que a segunda camada dos pólos dessa unidade de transporte só troque de valências a cada duas polarizações. Isso redunda em que esta unidade apresenta uma polarização completa, seguida de contrapolarização, uma polarização seguida de contrapolarização, e assim sucessivamente. E também pode acontecer que ela seja desativada com a unidade de transporte contrapolarizada.

D/14. Se esta última condição ocorrer (polaridade desativada com unidade de transporte contrapolarizada), a polaridade apresentará uma tendência para a inércia, isto é, apresentará um limiar aumentado, a partir do qual será ativada.

D/15. Tal condição tende a gerar um ciclo vicioso de novas unidades de transporte que apresentam a malformação na segunda camada de formação dos pólos. O que redunda em mais unidades de transporte que apresentam a possibilidade de contrapolarização.

ISOPÓLO	PÓLO	CONTRAPÓLO	CONTRAPÓLO	PÓLO	ISOPÓLO
FALUS	PÊNIS	IMPOTÊNCIA	VAGINISMO	VAGINA	FRIGIDEZ
RESISTÊNCIA IMPOSITIVA	ATIVIDADE RECEPTIVA	RESISTÊNCIA COMPASSIVA	RESISTÊNCIA OPOSITIVA	RECEPTIVIDADE ATIVA	RESISTÊNCIA PASSIVA
PROJEÇÃO	CONTATO	CONFLUÊNCIA	OPOSIÇÃO	CONTATO	DEPENDÊNCIA
INFLAÇÃO	RECOLHIMENTO	DEFLEXÃO	ISOLAMENTO	RECOLHIMENTO	REPRESSÃO
ACTING OUT	INTEGRAÇÃO	RETROFLEXÃO	NEGAÇÃO	INTEGRAÇÃO	INTROJEÇÃO
INVASIVO	DISPONÍVEL	EVASIVO	EXIGÊNCIA	DISPONÍVEL	INVADIDO
RIGIDEZ	FLEXÍVEL	FLACIDEZ	SUSCETÍVEL	FLEXÍVEL	COMPLACENTE
MANIA	**SANIDADE**	**ESQUIZOIDIA**	**HISTERIA**	**SANIDADE**	**DEPRESSÃO**
ALUCINAÇÃO	PERCEPÇÃO	DELÍRIO	DISTORÇÃO	PERCEPÇÃO	VAZIO
ONIPOTENTE	POSSIBILIDADE	IMPOTÊNCIA	DIFICULDADE	POSSIBILIDADE	DESISTÊNCIA
AUTORITARISMO	COOPERAÇÃO	EVITAÇÃO	COMPETIÇÃO	COOPERAÇÃO	SERVILISMO
VORACIDADE	SACIAÇÃO	CONTENÇÃO	INSATISFAÇÃO	SACIAÇÃO	INAPETÊNCIA
POSSESSIVO	PARTICIPAÇÃO	DESPOSSUÍDO	CARENTE	ACOLHIMENTO	ABANDÔNICO

Nota 1: Este quadro é um exemplo de como se pode tentar raciocinar em termos de polaridade, de seu funcionamento e disfunções.
Nota 2: Os elementos masculinos e femininos encontram-se tanto no homem como na mulher.
Nota 3: Todas as afirmações deverão receber a validação da clínica e da pesquisa.
Nota 4: Todas as afirmações não passam de uma fantasia em moldes científicos. Como, de resto, toda a ciência.

5

Sincronicidade, uma abordagem estatística

RESUMO

O presente trabalho é uma tentativa de abordagem quantitativa do fenômeno da sincronicidade tal qual se verifica em uma consulta feita ao *I Ching*, tal como Jung desejou realizar em seu livro sobre sincronicidade. Deve ser encarado menos pelos resultados e mais pelas possibilidades metodológicas que se abrem.

Foram criados dois parâmetros com quatro e seis categorias respectivamente, para a anotação e observação da relação entre o consulente e o *I Ching*. O primeiro parâmetro refere-se à pertinência das orientações às consultas realizadas. E, por ora, não permite uma abordagem quantitativa. O segundo refere-se à consistência de orientação recebida numa série de consultas. E permitiu uma abordagem quantitativa.

Foi realizada uma pré-qualificação do universo de orientações passíveis de se obter quando se consulta ao *I Ching*. O que significa que foram pré-qualificadas 448 orientações. Foram realizadas mensurações sumárias de uma série de vinte consultas realizadas no período de cinco dias.

A consistência verificada na orientação recebida apóia a hipótese da presença de algum fator atuando na relação entre o *I Ching* e o consulente e de que os resultados obtidos não se devem ao mero acaso.

Finalmente o trabalho levanta algumas das possibilidades futuras que se abrem caso esta metodologia seja aperfeiçoada e replicada.

ANTECEDENTES

O autor se relaciona com o *I Ching* há quase dez anos. Essa relação passou por várias fases. Nos primeiros dois anos e meio fez apenas seis consultas em ocasiões muito especiais, para assuntos de grande significado. Era uma relação sagrada, como a que cultivamos com um sábio muito especial e a quem não devemos perturbar com questiúnculas. Obteve respostas pertinentes que ajudaram a passar por momentos delicados envolvendo, por exemplo, questões de saúde.

Numa segunda fase, após esses dois anos e meio, a relação com o *I Ching* assumiu uma configuração bastante diferente. As consultas passaram a ser bem mais freqüentes. E não se referiam a questões necessariamente importantes. Mas apenas que tinham uma presença verdadeira na subjetividade do consulente. Independentemente de sua importância ou quantidade de energia ou significados envolvidos. E o que se buscava era o desenvolvimento de *awareness*. De consciência de si mesmo. No sentido de atenção aos elementos presentes na vivência com relação ao tema proposto como consulta ao *I Ching*. O procedimento consistia basicamente em prestar bastante atenção aos diversos movimentos internos, às sensações, sentimentos e associações que se apresentavam durante as consultas ao *I Ching*. E tentar detectar na resposta obtida a que elementos da vivência o *I Ching* pudesse estar se referindo.

Tal fase foi muito produtiva, e ajudou de fato a constatação de elementos vividos que se conscientizavam com a resposta obtida nas consultas. Nessa fase foram feitas muitas consultas seguidas. Umas relacionadas com as outras e outras independentes. De modo semelhante a como se desenvolve um diálogo entre duas pessoas. Explora-se um assunto, dialoga-se sobre determinado assunto durante um tempo e depois se muda de assunto. Isso é importante também porque inaugurou o procedimento de diálogo com o *I Ching*, sob a forma de várias consultas seguidas. (É este o procedimento que se desenvolve neste trabalho.) A relação assume a forma mais solta de diálogo.

A terceira fase da relação com o *I Ching* se caracterizou por consultas carregadas de grande significado emocional. Como as respostas estavam em desacordo com o desejo e inclinações do consulente, o consulente não seguiu as orientações recebidas. E se perdeu a característica de diálogo que se apresentava na fase anterior. Uma fase de conflito. Sem diálogo nem discussão.

A quarta fase se caracterizou por consultas bastante importantes. Nos anos anteriores, o *I Ching* se opôs em outro assunto de importância capital de forma consistente. A orientação foi seguida. De repente a orientação mudou. E mudou de forma consistente. Em seis consultas feitas separadamente, ao modo usual de se consultar o *I Ching*, foram obtidas seis respostas em um período de quase um mês, todas com um mesmo sentido. Inclusive com a repetição de um mesmo hexagrama com a mesma linha de mudança. A orientação foi seguida, o que ocasionou grande transformação na vida do consulente. O consulente voltou a se relacionar com o *I Ching* para consultas em momentos importantes. E obteve orientação e esclarecimentos de valor. A relação se tornou de confiança e consistência, com total comprometimento por parte do consulente.

Até aqui, a relação com o *I Ching* se caracterizava como produtiva, para esclarecimentos e orientação. E o consulente passou a seguir as orientações com relativa facilidade de compreensão e atuação. Aconteceu então de o *I Ching* se interpor como "único" impedimento para determinado curso de ação em que havia grande investimento de energia afetiva. O consulente seguiu a orientação com grande dificuldade. Pois o *I Ching* de modo absolutamente consistente contra-indicava o que seria o curso de ação do consulente. A orientação foi seguida. E a relação com o *I Ching* intensificada. De "cúmplice" (pois este sentimento é inevitável quando se desenvolve uma relação intensa com o *I Ching*) o *I Ching* passou a "implacável". Com isso, o compromisso se ampliou. Tornou-se "irreversível". O presente trabalho se desenvolveu algum tempo depois desses episódios.

INTRODUÇÃO

"Uma crença prova apenas a existência do 'fenômeno da crença', mas de nenhuma forma a realidade de seu conteúdo. É preciso que seu conteúdo se revele empiricamente, em si próprio para que eu o aceite."

C. G. J. *Memórias, Sonhos e Reflexões*, p. 276.

O autor se acha em estado de perplexidade. Com a verdadeira avalanche de práticas e conhecimentos orientais que invadem o espírito de psicólogos e leigos com quem convive. Culturalmente poderia se prever tal acontecimento, uma vez que conosco acontece estarmos sempre importando com uma defasagem de uma década o que acontece nos Estados Unidos e na Europa. Psicologicamente, também já se tinha afirmado. A mente ocidental se afastou tanto do inconsciente que este reagiria de forma invasiva. A falência das religiões mais influentes, devida à sua incapacidade de acompanhar as transformações urbanas e continuar a atender as necessidades espirituais e de congraçamento dos homens, também contribuiu para que esses anseios buscassem beber de outras fontes. Tudo isso é compreensível. Mas não elimina o impacto do fato. Por todo lado encontram-se psicólogos em atarefada atividade de busca de práticas e de aquisição de conhecimentos da tradição espiritual oriental. E muitas vezes misturando tais práticas e conhecimentos maldigeridos a seu trabalho de consultório. Algumas vezes com fanatismo, busca de poder e com as comezinhas faltas da vaidade humana. Não faltarão exceções, onde desafortunadamente todo mundo julga se encontrar.

Na verdade, penso que a compreensão do fenômeno requer muitas reflexões. Segue uma. O psicoterapeuta, vocacionado, torna-se depositário das angústias, faltas e buscas da alma de seu tempo. E a nossa é uma geração em que se viveram muitas perdas. O recrudescimento da busca de tradições culturais, de raízes pré-cosmopolitas, de origens mais remotas, do sentimento de pertinência, tudo isso encaminha a busca para o que é antigo. Na grande velocidade das últimas décadas, a falta e o apelo da permanência. O Oriente que se apresenta é o das tradições milenares. Fim da História? Fim de século? Fim do mundo? Toda essa aceleração solicita o movimento contrário. Penso que o futuro é fascinante. Este reencontro com o passado. E como ocidentais nos enriqueceremos e ao Oriente se não nos descaracterizarmos. É nosso dever procurar estudá-los à nossa maneira.

Muitas das práticas que se encontram em voga estão associadas a tradições milenares e constituem rituais que foram se decantando culturalmente através de muitas gerações. Após os conhecimentos antropológicos de nosso século não se pode negar o valor das tradições. E os estudos junguianos já ressaltaram o importantíssimo valor que os rituais têm para o desenvolvimento da personalidade e a mobilização de forças psíquicas. Coletivas e individuais. Mas a antiguidade e ritualística de qualquer prática não a coloca como necessária, desejável, e muito menos como objeto de veneração favorável em nosso contexto cultural. Sabemos de muitas práticas milenares, ritualizadas, que se prestaram ao sacrifício de animais e seres humanos ou que com o poder dos ritos evocaram energias destrutivas para a guerra, orgias, ou foram utilizadas para o exercício do poder pessoal, com finalidades de dominação e exploração de seres humanos para benefício próprio. É significativo que o que hoje consideramos crime já tenha sido cultivado por outros povos em outras épocas. E que em nossa época esteja aumentando a quantidade de crimes e violência associados a rituais a que se atribui poderes mágicos.

"A imitação ocidental é trágica, por ser um mal-entendido que ignora a psicologia do Oriente." ... "Não se trata de macaquear o que é visceralmente estranho a nós, ou de bancar o missionário, mas de edificar a cultura ocidental que sofre de mil males." (C. G. J. *O Segredo da Flor de Ouro*, p. 25.)

O presente trabalho comete o duplo pecado. O de tentar abordar um conhecimento da tradição chinesa, o *I Ching*, com uma metodologia ocidental. Há de chocar-se com preconceitos do fanatismo dos dois lados. O fanatismo da idolatria mística por um lado e o fanatismo da mente racionalista por outro.

"A ciência é um instrumento do espírito ocidental e com ela se abrem mais portas do que de mãos vazias." (C. G. J. *O Segredo da Flor de Ouro*, p. 24.)

Jung, no primeiro parágrafo da apresentação de seu livro sobre a sincronicidade nos diz: "Ao escrever este trabalho, cumpro, por assim dizer, uma promessa que por muitos anos não tive coragem de realizar. As dificuldades do problema de sua apresentação me pareciam imensas; grande demais era a responsabilidade intelectual, sem a qual não se podia tratar um tema desta natureza." E quem ler o seu livro sobre a sincronicidade pode acompanhar o esforço absolutamente rigoroso, nos cânones da ciência ocidental, com que Jung tenta estabelecer o princípio da sincronicidade. Segundo os moldes do conhecimento científico ocidental: Um fato deve ser estabelecido enquanto fato. E deve ser observado de modo sistemático. Para tanto, deve-se criar uma metodologia de observação. Para que se possam obter conhecimentos a seu respeito.

O fato de acontecimentos sincronísticos ou mesmo sincrônicos fazerem parte da experiência de Jung durante os muitos anos que antecederam o seu livro sobre a questão, e o estabelecimento de o princípio da sincronicidade ser uma tentativa de explicação da experiência de muitas pessoas (que tendem a ser entendidos como acontecimentos associados a fenômenos místicos) não estabelece o acontecido como fato para a ciência nos moldes ocidentais. A afirmação de que tais fenômenos existem não os coloca ao alcance do campo da investigação científica. O que pode trazê-los para o campo da ciência é o desenvolvimento de uma metodologia de observação sistemática que possibilite a investigação de sua natureza.

Jung define o princípio da sincronicidade como algo que atua na realidade sem implicar relações de causa e efeito. Os fatos A, B, C, são ditos sincrônicos quando apresentam uma relação de significado e acontecem ao mesmo tempo ou com proximidade temporal, sem que haja a possibilidade de estabelecimento de uma relação causal entre eles. Não se pode dizer que A causou B ou é efeito de B. Jung tenta estabelecer a noção de coincidências significativas. Coincidências que não são meramente casuais. Ou seja, que não são frutos do mero acaso.

As pessoas que vivem fenômenos de sincronicidade atribuem um significado especial a essas vivências. E vivem buscando um significado adicional para elas. Muito freqüentemente atribuem um significado espiritual a essas vivências. De fato, essas vivências são freqüentemente marcantes e exercem o poder numinoso de atrair a consciência. Sonhos premonitórios, fantasias ou imagens que prevêem os acontecimentos exercem uma força de atração e, como não fazem parte do cotidiano, da realidade habitual, tendem a ser vistos como extraordinários no sentido de que encerram um significado espiritual. Freqüentemente, são associados poderes especiais de cura a pessoas que desenvolveram maneiras inusuais de conhecimento. A intuição ou mesmo maneiras inusuais de saber o que se passa com uma pessoa, embora impressionem e possam ser de alguma forma benéficos, não se constituem por si só em cura. Qualquer um que tenha trabalhado a fundo como psicoterapeuta sabe que a compreensão que o terapeuta pode ter de seu cliente não é suficiente para a obtenção da cura. O cultivo de determinadas atitudes e estados interiores, bem como o desenvolvimento de determinadas qualidades na relação, criam condições mais propiciatórias. O que significa em termos mais gerais que, mesmo que se obtenha algum conhecimento dos acontecimentos sincronísticos, isso não significa que se tenha em mãos a posse imediata de novos instrumentos que possam ser utilizados com qualquer finalidade que se queira, por melhores que sejam as intenções. Muitos conhecimentos científicos continuam sem uma aplicação utilitária.

    De modo que a tentativa deste trabalho, qual seja a de criar uma metodologia de observação de um fenômeno possivelmente sincronístico (o método de consultas ao *I Ching*) não tem o intuito de gerar aplicações práticas imediatas, nem pretende induzir as pessoas a consultarem o *I Ching*. É apenas a tentativa de criar uma forma de observação sistemática, à maneira ocidental, de um método de consultas ao oráculo chinês que durante milênios vem sendo utilizado pelos chineses e que atualmente é cada vez mais empregado por ocidentais.

    Jung, na sua tentativa de estudos sobre a sincronicidade, deparouse com a dificuldade metodológica de ter de estudar fenômenos cuja relação não é causal e que, portanto, não podem ser manipulados como normalmente se faz no método científico ocidental. Produz-se A para se verificar se B acontece como resultado de A. Donde se deduz que A produz B. A como causa que antecede o efeito B. Os fenômenos sincrônicos não são do tipo causa e efeito. A relação entre os fatos é de significado. E, para que não sejam resultado do simples acaso, devem acontecer com uma freqüência superior ao que se poderia esperar dos acontecimentos fortuitos. Mas como medir a freqüência de acontecimentos que têm em comum apenas o fato de que acontecem sincronicamente com outros fatos com os quais guardam uma relação de significado? O que poderia ser enunciado à maneira científica ocidental: se A ocorre simultaneamente ou seqüencialmente a B, sem que se possa atribuir a C que os antecede a causa de A e de B — e A não tem uma relação causal com B — e A guarda uma relação de significado com B — e isso acontece com uma freqüência maior do que se poderia esperar caso isso se verificasse por acaso, tais fatos demonstram a existência de um outro princípio que rege os acontecimentos. O princípio da sincronicidade.

"O fenômeno da sincronicidade é constituído, portanto, de dois fatores: 1) Uma imagem inconsciente alcança a consciência de maneira direta (literalmente) ou indireta (simbolizada ou sugerida) sob a forma de sonho, associação ou premonição. 2) Uma situação objetiva coincide com esse conteúdo." (C. G. J. *Sincronicidade*, p. 25.)

Posto de outro modo, este enunciado pode assumir a seguinte forma: O fenômeno da sincronicidade é constituído por dois fatores: 1) Uma presença na subjetividade da pessoa. 2) Uma situação objetiva que guarda uma relação de significado com a presença que se deu na subjetividade ocorre em contigüidade temporal.

'Uma experiência constante em todos esses experimentos é o fato de que o número de acertos tende a diminuir depois da primeira tentativa e os resultados são, conseqüentemente, negativos. Mas se, por qualquer motivo exterior ou interior, ocorre uma reativação do interesse por parte do sujeito, o número de acertos volta a subir." (C. G. J. *Sincronicidade*, pp. 12, 13.)

Neste parágrafo, como em outros do livro, Jung coloca a importância da motivação nos resultados obtidos por Rhine. O que, em termos do fenômeno da sincronicidade, passamos a enunciar da seguinte forma: A presença na subjetividade da pessoa deve ser verdadeira e estar carregada com um mínimo de carga afetiva e de significados para que a sincronicidade aconteça, isto é, para que ocorra um fato objetivo coincidente com a presença subjetiva. (O autor teve a oportunidade de verificar que mesmo consultas sem grande significados ou carga emocional obtiveram respostas compreensíveis que guardavam uma relação de significado com a presença na sua subjetividade que originou a consulta ao *I Ching*. O que significa que a sincronicidade seria uma "faixa de sintonia" capaz de captar fenômenos independentes de sua importância ou da carga de significados uma vez que se esteja "sintonizado". No presente trabalho foi utilizada uma série de consultas carregadas de significados com carga emocional.)

Mas como verificar a freqüência de fenômenos que não podem ser previstos, pois não acontecem como antecedentes e conseqüentes e que são vividos como "únicos"? Ainda que possam se repetir sem que se saiba quando isso vai acontecer?

A própria psicologia em outros campos de seus estudos nos alerta de que esta é a base de desenvolvimento de crenças sem fundamento na realidade. A contigüidade temporal estabelece uma relação de associação entre dois fatos ou estímulos cuja única relação é de fato terem sido apresentados com proximidade temporal. Assim funciona a percepção. Se me acostumo a ver A próximo de B, espacial ou temporalmente, tendo a associar A e B sem que entre A e B exista de fato uma relação. E o significado de A tende a incluir a presença de B. De modo que se estará lidando de fato com um campo escorregadio, muito propício ao desenvolvimento de superstições.

É tambem semelhante a fenomenologia dos estados delirantes. "Se eu pensei em polícia, e o jornal fala da procura de determinados ladrões, a polícia está à minha procura." Também as brincadeiras infantis fazem associações entre presenças subjetivas e elementos externos como indicativos de que algo vai suceder. "Se penso no número três e passar um carro com a chapa de final três, isso significa que meu pai dará a bicicleta que desejo." "Se estou com raiva de minha irmã e vejo a notícia de que uma moça se feriu, fico com medo de que minha irmã morra e eu seja o culpado." Nada disso se deve a fenômenos da sincronicidade.

"Eu me pergunto se não existiria um método capaz de nos oferecer resultados mensuráveis ou numeráveis e que ao mesmo tempo nos permitisse lançar um olhar sobre os desvãos psíquicos da sincronicidade."... "Por isso, volto minha atenção de modo particular para a técnica intuitiva de apreender a situação global, tão característica da China, ou seja, o *I Ching*." (C. G. J. *Sincronicidade*, p. 29.)

Jung, ainda no seu trabalho sobre sincronicidade, elogia o que foi conseguido por Rhine no campo da parapsicologia. Afirma que se deve procurar uma base estatística para o fenômeno da sincronicidade. Mas não vislumbrou um modo de trabalhar estatisticamente com o *I Ching*.

"Embora os resultados dos dois processos, tanto do *I Ching* como o da *Ars Geomantica*, apontem na direção desejada, eles não oferecem nenhuma base para uma avaliação exata." (C. G. J. *Sincronicidade*, p. 30.)

E fez uma tentativa com a qual não se satisfez, ou seja, a de estudar estatisticamente algumas afirmações da astrologia sobre o casamento. Alerta-nos ainda que a astrologia pode ter um fundamento causal, o que a excluiria dos fenômenos da sincronicidade.

A afirmação de que o *I Ching* não oferece nenhuma base para uma avaliação exata deve-se ao fato de que Jung estava à procura de uma base estatística para o fenômeno da sincronicidade. Ora, no modo usual de consulta ao *I Ching* isso é verdadeiro, pois cada consulta é única e sempre se poderia atribuir a pertinência da resposta a uma coincidência por mero acaso. O autor, nas suas consultas ao *I Ching*, desenvolveu inadvertidamente uma outra forma de relação com o *I Ching*. Que acontece sob a forma de diálogo e de formulações variadas, repetidas e invertidas sobre um mesmo tema. Saliente-se que isso não aconteceu deliberadamente e que não foi feito com o caráter de testar ou investigar o *I Ching*. As consultas continuaram a ter um caráter de consultas a respeito de um tema que continuava tendo uma presença significativa na subjetividade do consulente. E as várias consultas foram realizadas com o intuito de acompanhar e localizar as mudanças de orientações que eram recebidas em resposta a mudanças de atitudes, tonalidades emocionais, variações de ênfase com que se aproximavam as questões apresentadas ao *I Ching*. Isso constituiu um modo de observar sistematicamente a relação estabelecida entre o consulente e o *I Ching*. O que somente se viabilizou concretamente com as consultas feitas por computador, visto este oferecer a possibilidade de gravar, imprimir e fazer anotações nas consultas realizadas. O diálogo com o *I Ching* tornou-se mais coloquial por ser mais rápida a consulta e a obtenção da resposta.

"Essa é a minha grande crítica a Rhine, da Duke University. Até ele foi bastante ingênuo para acreditar que, se ele queria 'vender' os fenômenos parapsicológicos ao mundo científico, então, teria de prová-los estatisticamente ou usando o conceito de probabilidade, e acabou — que tolo! — por perder-se em território inimigo." (Marie Louise Von Franz, *Adivinhação e Sincronicidade*, p. 30.)

"Vender o peixe" e "território inimigo", não são as perspectivas deste trabalho. O autor é igualmente fascinado pelo *I Ching* e pela matemática. E a relação entre qualidades e quantidades continua sendo um mistério sobre o qual o homem reflete. Juízos de valor também se apóiam em quantidades. Ainda que nem sempre estejamos conscientes do fato.

E é em outras afirmações da mesma autora que se encontra a compreensão de que o *I Ching*, um dos mais antigos métodos oraculares, assim como tantos outros, tem um fundamento numérico: "O número sempre foi usado na forma binária..." "Não devemos nos iludir: são questões SIM ou NÃO..." "Jogamos uma moeda ao ar e obtemos cara ou coroa."... "E então o par ou ímpar remanescentes são o SIM ou NÃO, *que é o que serve de base para o I Ching, um sistema numérico binário que responde SIM ou NÃO.*" *(Adivi-*

nhação e Sincronicidade, pp. 54 e 55.) E logo a seguir: "Esse é o começo da ciência — contém os elementos essenciais do que hoje denominamos método experimental, dado que existe uma interrogação na mente daquele que pergunta e um método matemático para abordar o caos da existência e, depois, chegar a uma conclusão." (*Adivinhação e Sincronicidade*, p. 56.)

O *I Ching* é baseado num sistema numérico binário que responde SIM ou NÃO. É esta a concepção e o modo como este trabalho deseja abordá-lo, sem entrar no mérito da sua riqueza de conteúdo, por ora. Para tanto, como se verá adiante, foi criado um parâmetro com seis categorias que se reduziram a duas para efeitos de quantificação. Tal quantificação o reconduz a sua concepção e forma originais. Um sistema binário de SIM ou NÃO que fornece uma orientação quanto à AÇÃO ou NÃO-AÇÃO.

Pode-se então formular a relação entre o consulente e o *I Ching* da seguinte maneira, constituída por três elementos: a formulação de uma questão por parte do consulente; um método matemático para abordar o caos da existência constituído pelo jogar das moedas; e a obtenção de uma resposta que em última instância toma a forma de SIM ou NÃO e que orienta em termos de AÇÃO ou NÃO-AÇÃO.

O que se estará tentando verificar é a consistência da orientação (AÇÃO/NÃO-AÇÃO) contida nas respostas obtidas em uma série de consultas feitas sobre um determinado tema. O *I Ching*, como os demais fenômenos naturais, apresenta respostas variáveis (hexagramas e linhas) às diversas condições do consulente e das situações a que a consulta se refere. Mas pode se mostrar absolutamente consistente (INVARIANTE) com relação à orientação contida em suas respostas quanto a determinado curso de ação.

PROPOSIÇÕES

1 — A sincronicidade é a ocorrência de dois ou mais fatos com proximidade temporal que guardam uma relação de significado sem que se possa atribuir uma relação de causa e efeito entre esses fatos.

2 — No caso do *I Ching*, um desses fatos ocorre na subjetividade do consulente. E é o tema da consulta. O outro fato é objetivo. E é a resposta obtida do *I Ching*. Independentemente do modo como se faz a consulta. Isto é, independentemente de se jogar moedas, varetas, abrir-se casualmente o livro, ou se a consulta é feita por computador. Sendo a sincronicidade um fenômemo acausal, ela não depende de meios físicos. (Para o presente trabalho, as consultas foram feitas por computador.)

3 — As respostas obtidas com as consultas ao *I Ching* guardam uma relação de significado com as perguntas feitas. E contêm uma orientação em termos de AÇÃO/NÃO-AÇÃO.

4 — As consultas feitas ao *I Ching* funcionam dentro do princípio da sincronicidade. De outra forma, qualquer relevância de suas respostas deveria ser atribuída à interferência divina, ou a um poder da mente de interferir no modo como as moedas caem. Ou, no caso do lançamento de varetas, no modo como as varetas se portam. (O que não pode ser excluído de antemão, mas não é a perspectiva do presente trabalho.) Caso se considere que a mente tem a possibilidade de interferência no modo como as moedas caem, se estaria ainda no campo das causas e efeitos e portanto, não mais no da sincronicidade tal qual postulada por Jung. E seria necessário entender como a mente escolheria a resposta "certa" para interferir sobre a queda das moedas.

5 — Numa série de consultas, será observada a consistência da orientação obtida nas respostas pertinentes a um mesmo tema, durante um determinado período de tempo. E isso possibilitará a abordagem probabilística.

Caso se verifique que as respostas obtidas em diversas consultas pertinentes a um mesmo tema, durante um determinado período de tempo, apresentam consistência de orientação, pode-se hipotetizar que existe a presença de algum fator orientando as respostas obtidas.

Nota: Não se entrará no mérito de que as consultas ou respostas guardem qualquer relação com outros fatos da realidade. O que significa que não se entrará no mérito de que as orientações obtidas devam ou não serem seguidas.

METODOLOGIA

I — As consultas foram realizadas por computador. O que permitiu que estas fossem gravadas como arquivos dentro do computador e que fossem feitas anotações embaixo de cada consulta realizada. Pode-se editar ou imprimir cada um desses arquivos.

II — Abriu-se uma ficha de anotação que foi anexada a cada consulta. As fichas podem ser editadas, isto é, podem ser anexadas novas informações. As fichas têm a seguinte estruturação básica:

OBSERVAÇÕES

1 — Contexto da consulta:
2 — Resumo da pergunta:
3 — Resumo da resposta:
4 — Entendimento da resposta:
5 — Observações:
6 — Conclusão:

III — Foram criados dois parâmetros, um com quatro e outro com seis categorias. As respostas obtidas foram classificadas de acordo com essas categorias, em cada um dos dois parâmetros.

Parâmetro 1: PERTINÊNCIA DA RESPOSTA À CONSULTA

CATEGORIAS: 1 Clara e fortemente pertinente *CC*
2 Pertinente, dependendo de interpretação mais sofisticada *C*
3 Duvidosa *?*
4 Não pertinente *I*

Parâmetro 2: ORIENTAÇÃO CONTIDA NA RESPOSTA
CATEGORIAS: 1 Orientação claramente negativa *NN*
2 Orientação negativa dependente de interpretação mais sofisticada *N*
3 Orientação positiva dependente de interpretação mais sofisticada *S*
4 Orientação claramente positiva *SS*
5 Orientação condicional *SE*
6 Orientação dependente (*DE*)

IV — Foram definidos critérios para a classificação das orientações recebidas dentro das categorias criadas para cada um dos parâmetros.

CRITÉRIOS PARA CLASSIFICAÇÃO DAS RESPOSTAS OBTIDAS NAS CATEGORIAS CRIADAS PARA CADA UM DOS PARÂMETROS

PARÂMETRO 1: PERTINÊNCIA DA RESPOSTA
Categorias:
1 — Uma resposta foi considerada claramente pertinente (*CC*), quando se referia diretamente ao conteúdo da consulta e/ou a al-

gum estado do consulente claramente identificado pelo consulente no momento em que a consulta foi realizada.

2 — Uma resposta foi considerada pertinente dependendo de interpretação mais sofisticada (C), quando dependesse de um conhecimento mais aprofundado do *I Ching* para o entendimento da resposta, e/ou quando o consulente necessitasse de algum esforço para localizar em si a que aspecto de sua vivência, no momento da consulta, o *I Ching* poderia estar se referindo.

3 — Uma resposta foi considerada duvidosa (?) quando apenas com interpretação que envolvesse raciocínios plausíveis, mas com fortes componentes hipotéticos, se pudesse estabelecer alguma relação de significado entre a consulta e a resposta obtida.

4 — Uma resposta foi considerada não pertinente (*I*) quando não foi possível estabelecer uma relação de significados entre a consulta e a resposta obtida sem altos vôos de interpretação. (O que não se deve fazer com relação a qualquer conteúdo psicológico sincrônico ou não, na opinião do autor, a menos que seja com caráter lúdico e de confabulação. A parcimônia no entendimento de questões psicológicas é um imperativo não apenas científico, mas principalmente terapêutico. Grandes interpretações servem essencialmente para ocasionar confusões no cliente, exacerbar mecanismos de racionalização e evitação de uma maneira geral, estando freqüentemente a serviço do narcisismo do terapeuta e do cliente por contaminação.)

PARÂMETRO 2: ORIENTAÇÃO CONTIDA NA RESPOSTA (BINÁRIA, DO TIPO SIM/NÃO, AÇÃO/NÃO-AÇÃO)

Nota: A classificação das orientações em positivas e negativas refere-se exclusivamente a estas indicarem ação ou não-ação. Não tem qualquer outra conotação das que costumamos atribuir a positivo ou negativo. Ou mesmo aos julgamentos de valor apresentados pelo *I Ching*.

Categorias:
1 — Uma orientação foi considerada claramente negativa (*NN*), quando continha uma referência explícita ao não agir, ao infortúnio, infelicidade, motivos para arrependimento, motivos para lamentar-se, ao insucesso, à contenção, a não procurar dirigir.

2 — Uma orientação foi considerada negativa, dependente de interpretação mais sofisticada (*N*), se o texto fazia alusão ainda que indireta a qualquer situação de perigo, de dificuldade ou de desconforto.

3 — Uma orientação foi considerada positiva, dependente de interpretação mais sofisticada (*S*), quando fazia alusão que dependesse de conhecimento mais aprofundado da linguagem utilizada pelo *I Ching* ou se a metáfora utilizada sugerisse, ainda que indiretamente, algo que possa ser considerado positivo.

4 — Uma orientação foi considerada claramente positiva (*SS*) quando continha uma referência direta a boa fortuna, sucesso, nenhum arrependimento, nada que não seja favorável.

5 — Uma orientação foi considerada condicional (*SE*) quando no texto constava a partícula *SE* ou de qualquer outro modo estabelecesse uma condição para o sucesso, boa fortuna, etc.

Esta categoria passa a ser positiva (*S*) caso o consulente se encontre apto a preencher as condições apontadas na resposta do *I Ching*. Caso contrário, passa para a categoria negativa (*N*).

6 — Uma orientação foi considerada dependente (*DE*) quando o texto orientava a ação num sentido de recuar, conter, retirar, ou apontava a necessidade de mudança na direção da ação.

Neste caso, a classificação em positiva ou negativa depende da formulação da questão. Se a questão foi formulada como uma ação de avançar, a resposta adquire o sentido negativo (*N*). Se a questão propõe um recuo ou mudança de rumo no curso da ação, a resposta adquire o sentido positivo (*S*).

V — Foi realizada uma pré-classificação do universo de orientações passíveis de serem obtidas através de uma consulta ao *I Ching* no que se refere ao parâmetro 2 (*Orientação ação, não-ação contida na resposta obtida na consulta*).

PRÉ-CLASSIFICAÇÃO DO UNIVERSO DE ORIENTAÇÕES

De acordo com os critérios acima definidos, fez-se uma pré-qualificação de cada um dos 64 hexagramas e de cada uma das 384 linhas que constituem o *I Ching*, e *portanto do universo possível de orientações a serem obtidas nas consultas*. Para tanto, foram tomadas 448 decisões do tipo que se tomam em ciência. Precárias, provisórias, com o máximo de rigor e parcimônia possíveis a quem as toma.

A seguir, passa-se para a descrição dessa pré-classificação aplicada ao universo de orientações contidas no *I Ching*:

HEXAGRAMA 1
O CRIATIVO S
LINHAS: 1 NN
2 S
3 N
4 S
5 SS
6 NN

HEXAGRAMA 2
O RECEPTIVO NN
LINHAS: 1 N
2 **SE N, S (SE AUTO-EVIDENTES)**
3 **SE N, S (SE LIVRE DE VAIDADES)**
4 N
5 SS
6 N

HEXAGRAMA 3
DIFICULDADE INICIAL NN
LINHAS: 1 N
2 N
3 NN
4 SS
5 N
6 **SE N (SE ATIVO), S (SE RESIGNADO)**

HEXAGRAMA 4
A INSENSATEZ JUVENIL N
LINHAS: 1 **SE S (SE REPRIMIDO), N (SE AGITADO)**
2 S
3 NN
4 NN
5 SS
6 N

HEXAGRAMA 5
A NUTRIÇÃO SS
LINHAS: 1 **SE N (SE ATIVA)**
2 S
3 NN
4 **DE NN (SE ATIVA)**
5 **DE, S (ESPERA, E NUTRE)**
6 S

HEXAGRAMA 6
CONFLITO N
LINHAS: 1 N
2 N
3 N
4 N
5 SS
6 NN

HEXAGRAMA 7
O EXÉRCITO
LINHAS: 1   S
        2   N
        3   SS
        4   NN
        5   **DE SS (SE RECUO), N (SE AVANÇO)**
        6   SS
               S

HEXAGRAMA 8
MANTER-SE UNIDO
LINHAS: 1   S
        2   SS
        3   S
        4   N
        5   SS
        6   SS
               NN

HEXAGRAMA 9
O PODER DE DOMAR
DO PEQUENO   S
LINHAS: 1   **DE SS (SE RETORNO)**
        2   **DE SS (SE RETORNO)**
        3   N
        4   **DE S (SE RETORNO)**
        5   S
        6   NN

HEXAGRAMA 10
A CONDUTA   S
LINHAS: 1   S
        2   SS
        3   NN
        4   S
        5   **SE S (SE CONSCIENTE)**
        6   SS

HEXAGRAMA 11
PAZ   SS
LINHAS: 1   SS
        2   SS
        3   S
        4   S
        5   SS
        6   NN

HEXAGRAMA 12
ESTAGNAÇÃO NN
LINHAS: 1 DE (N SE AVANÇO, S SE RECUO)
       2 N
       3 S
       4 SE (S SE FIRME, N SE INSTÁVEL)
       5 SS
       6 S

HEXAGRAMA 13
COMUNIDADE
COM OS HOMENS S
LINHAS: 1 S
       2 N
       3 N
       4 SS
       5 S
       6 S

HEXAGRAMA 14
GRANDES POSSES SS
LINHAS: 1 S
       2 SS
       3 S
       4 S
       5 SS
       6 SS

HEXAGRAMA 15
MODÉSTIA SS
LINHAS: 1 SS
       2 SS
       3 SS
       4 SS
       5 SS
       6 S

HEXAGRAMA 16
ENTUSIASMO S
LINHAS: 1 NN
       2 S
       3 SE S (FIRME), N (HESITA)
       4 SS
       5 N
       6 SE S (MODIFICA) N (ILUDE)

HEXAGRAMA 17
SEGUIR   S
LINHAS: 1   S
      2   N
      3   S
      4   N
      5   SS
      6   S

HEXAGRAMA 18
TRABALHO SOBRE
O QUE SE DETERIOROU   **DE S (CORRIGE) N (MANTÉM)**
LINHAS: 1   **DE "**   "
      2   **DE "**   "
      3   **DE "**   "
      4   N
      5   S
      6   S

HEXAGRAMA 19
APROXIMAÇÃO   S
LINHAS: 1   S
      2   SS
      3   N
      4   SS
      5   SS
      6   SS

HEXAGRAMA 20
CONTEMPLAÇÃO   N
LINHAS: 1   N
      2   N
      3   N
      4   S
      5   N
      6   N

HEXAGRAMA 21
MORDER   S
LINHAS: 1   N
      2   S
      3   S
      4   SS
      5   SS
      6   NN-

HEXAGRAMA 22
GRACIOSIDADE
LINHAS: 1 — S
2 — S
3 — N
4 — S
5 — N
6 — S
     SS

HEXAGRAMA 23
DESINTEGRAÇÃO — NN
LINHAS: 1 — NN
2 — NN
3 — S
4 — NN
5 — SS
6 — S

HEXAGRAMA 24
RETORNO — N
LINHAS: 1 — DE S (RECUO) N (AVANÇO)
2 — DE " "
3 — DE " "
4 — DE " "
5 — DE " "
6 — NN

HEXAGRAMA 25
INOCÊNCIA — DE, S (CORRETO)
LINHAS: 1 — S
2 — SE S (DESPRENDIDO)
3 — N
4 — SE S (FIEL)
5 — N
6 — NN

HEXAGRAMA 26
O PODER DE DOMAR DO GRANDE — SE, S (VERDADE FIRMEZA)
LINHAS: 1 — NN
2 — N
3 — S
4 — SE SS (DOMA)
5 — SE SS (DOMA)
6 — SS

HEXAGRAMA 27
AS BORDAS DA BOCA — SE, S (MODERADO)
LINHAS: 1 — NN
2 — NN
3 — NN
4 — S
5 — **SE, S (DEPENDENTE)**
6 — SE, SS (CONSCIENTE)

139

HEXAGRAMA 28
PREPONDERÂNCIA DO GRANDE   NN
LINHAS: 1   S
        2   SS
        3   NN
        4   SE, N (AMBIÇÃO)
        5   N
        6   SE, S (AGIR)

HEXAGRAMA 29
O ABISMAL   SE, S (SINCERO)
LINHAS: 1   NN
        2   SE, S (PEQUENAS)
        3   NN
        4   S
        5   SE, S (PEQUENAS)
        6   NN

HEXAGRAMA 30
ADERIR   SE, S (MODÉSTIA)
LINHAS: 1   SE, S (SÉRIO)
        2   SS
        3   NN
        4   N
        5   SS
        6   S

HEXAGRAMA 31
A INFLUÊNCIA   S
LINHAS: 1   S
        2   NN
        3   NN
        4   S
        5   S
        6   N

HEXAGRAMA 32
DURAÇÃO   S
LINHAS: 1   NN
        2   S
        3   NN
        4   N
        5   SE, S (DETERMINAÇÃO)
        6   NN

HEXAGRAMA 33
RETIRA   DE, S (RECUO)
LINHAS: 1   NN
        2   S
        3   DE, S (RECUO LENTO)
        4   DE, S (DE BEM)
        5   DE, S (AMISTOSO)
        6   DE, S (RECUO ALEGRE)

HEXAGRAMA 34
O PODER DO GRANDE — **SE, S (CORREÇÃO)**
LINHAS: 1 — NN
2 — **SE, S (CAUTELA)**
3 — N
4 — S
5 — S
6 — NN

HEXAGRAMA 35
PROGRESSO — S
LINHAS: 1 — S
2 — S
3 — S
4 — N
5 — SS
6 — N

HEXAGRAMA 36
OBSCURECIMENTO DA LUZ — N
LINHAS: 1 — N
2 — S
3 — N
4 — **DE, S (RECUO)**
5 — N
6 — N

HEXAGRAMA 37
A FAMÍLIA — **SE, S (CONSISTÊNCIA)**
LINHAS: 1 — S
2 — N
3 — S
4 — SS
5 — SS
6 — **SE, S (DIGNO)**

HEXAGRAMA 38
OPOSIÇÃO — N
LINHAS: 1 — N
2 — **SE, S (AFINIDADE)**
3 — S
4 — **SE, S (AFINIDADE)**
5 — S
6 — **DE, S (DESARME)**

HEXAGRAMA 39
OBSTRUÇÃO — NN
LINHAS: 1 — N
2 — N
3 — N
4 — N
5 — S
6 — **DE, S (RETOMAR)**

HEXAGRAMA 40
LIBERAÇÃO   SS
LINHAS: 1   S
        2   SS
        3   N
        4   S
        5   S
        6   SS

HEXAGRAMA 41
DIMINUIÇÃO   SE, S (DIMINUI)
LINHAS: 1   SE, S (RECONHECE)
        2   NN
        3   N
        4   S
        5   SS
        6   S

HEXAGRAMA 42
AUMENTO   SS
LINHAS: 1   SS
        2   SS
        3   SE, S (ISENTO)
        4   SE, S (ALTRUÍSMO)
        5   SS
        6   NN

HEXAGRAMA 43
IRROMPER   SS
LINHAS: 1   SE, S (ALTURA)
        2   S
        3   SE, S (FIRMEZA)
        4   NN
        5   N
        6   NN

HEXAGRAMA 44
VIR AO ENCONTRO   N
LINHAS: 1   NN
        2   N
        3   N
        4   NN
        5   S
        6   N

HEXAGRAMA 45
REUNIÃO   SS
LINHAS: 1   S
        2   S
        3   S
        4   SS
        5   S
        6   S

HEXAGRAMA 46
ASCENSÃO
LINHAS: 1
2
3
4
5
6

S
SS
S
S
SS
S
DE, N (CEGO)

HEXAGRAMA 47
OPRESSÃO
LINHAS: 1
2
3
4
5
6

N
N
N
NN
N
N
S

HEXAGRAMA 48
O POÇO
LINHAS: 1
2
3
4
5
6

SE, S (COOPERAÇÃO)
N
N
SE, S (COOPERAÇÃO)
N
SE, S (APROVEITADA)
SS

HEXAGRAMA 49
A REVOLUÇÃO
LINHAS: 1
2
3
4
5
6

SE, S (ORDENAR)
N
S
N
SS
S
NN

HEXAGRAMA 50
O CALDEIRÃO
LINHAS: 1
2
3
4
5
6

DE, S (CORRIGIR)
S
SS
S
NN
S
SS

HEXAGRAMA 51
O INCITAR
LINHAS: 1
2
3
4
5
6

N
S
N
S
N
N
N

143

HEXAGRAMA 52
A QUIETUDE   NN
LINHAS: 1   N
       2   N
       3   N
       4   N
       5   N
       6   NN

HEXAGRAMA 53
DESENVOLVIMENTO   SS
LINHAS: 1   N
       2   SS
       3   NN
       4   N
       5   S
       6   SS

HEXAGRAMA 54
A JOVEM QUE SE CASA   NN
LINHAS: 1   S
       2   N
       3   N
       4   S
       5   S
       6   NN

HEXAGRAMA 55
ABUNDÂNCIA   S
LINHAS: 1   N
       2   N
       3   N
       4   S
       5   SS
       6   NN

HEXAGRAMA 56
O VIAJANTE   N
LINHAS: 1   N
       2   S
       3   N
       4   N
       5   S
       6   NN

HEXAGRAMA 57
SUAVIDADE   SS
LINHAS: 1   S
       2   S
       3   N
       4   S
       5   SS
       6   NN

HEXAGRAMA 58
A ALEGRIA
LINHAS: 1
        2
        3
        4
        5
        6

SS
SS
SS
SS
NN
N
N
N

HEXAGRAMA 59
DISPERSÃO
LINHAS: 1
        2
        3
        4
        5
        6

S
S
S
S
S
SS
S
DE, S (AFASTAR)

HEXAGRAMA 60
LIMITAÇÃO
LINHAS: 1
        2
        3
        4
        5
        6

N
N
N
S
N
N
SS
N

HEXAGRAMA 61
VERDADE INTERIOR
LINHAS: 1
        2
        3
        4
        5
        6

SS
N
S
N
S
S
NN

HEXAGRAMA 62
A PREPONDERÂNCIA
DO PEQUENO
LINHAS: 1
        2
        3
        4
        5
        6

N
NN
S
NN
NN
DE, S (MODÉSTIA)
NN

HEXAGRAMA 63
APÓS A CONCLUSÃO
LINHAS: 1
        2
        3
        4
        5
        6

N
DE, S (DETER)
N
N
N
N
N

HEXAGRAMA 64
ANTES DA CONCLUSÃO
LINHAS: 1
2
3
4
5
6

DE, S (CAUTELA)
N
NN
DE, S (AUXILIARES)
SS
SS
DE, S (LIMITES)

RESULTADO DA PRÉ-QUALIFICAÇÃO

O resultado de tal pré-qualificação foi o seguinte:

Foram pré-qualificadas trezentos e oitenta e quatro linhas (384) e sessenta e quatro hexagramas (64), num total de quatrocentas e quarenta e oito pré-qualificações (448) com os resultados que se seguem:

CATEGORIA 1 NN   =   65   =   14,5%
CATEGORIA 2 N   = 114   =   25,4%
SOMA (NÃO AÇÃO) = 179   =   39,95%
CATEGORIA 3 S   = 116   =   25,9%
CATEGORIA 4 SS   =   78   =   17,4%
SOMA (AÇÃO)   = 194   =   43,3%
CATEGORIA 5 SE   =   38   =   8,5%
CATEGORIA 6 DE   =   37   =   8,2%
SOMA (PARCIAIS) =   75   =   16,7%

TOTAL   448   =   100%

Na pré-qualificação chegou-se, portanto, a um resultado final de 179 orientações que indicam não-ação e 194 orientações que indicam ação, 38 orientações da categoria **SE** que dependem de o consulente preencher determinada condição para poder agir, e 37 orientações da categoria **DE** que depende do sentido da ação contida na consulta. O que significa que o universo de orientações possíveis está constituído por 40% de orientações que indicam não-ação, 43,3% de orientações que indicam a ação, 8,5% de orientações condicionais e 8,2% de orientações dependentes do sentido da ação contida na consulta.

De acordo com essa pré-classificação, quando se faz uma consulta ao *I Ching*, tem-se 43,3% de chances de receber uma orientação que indique ação, 40% de chances de receber uma orientação que indique não-ação e em 16,7% dos casos se dependerá do modo como foi formulada a questão ou da presença de determinadas condições no consulente. Isso no caso de as orientações recebidas serem determinadas aleatoriamente.

É claro que esses critérios de classificação podem ser aperfeiçoados, seja no sentido de maior sofisticação na sua elaboração, seja no sentido de maior clareza e exatidão, ou mesmo em alguma direção que contribua para a parcimônia como atributo desejável para o estudo científico do fenômeno. No entanto, estes foram os critérios a que se chegou neste trabalho, e o autor acredita que eles não distorcem os resultados obtidos.

Posto de outro modo e de maneira radical: qualquer pessoa que examine esses critérios com rigor, seja do ponto de vista de conteúdo para uma compreensão mais aprofundada do *I Ching*, com todas as suas sutilezas, seja do ponto de vista mais racional, de consistência e precisão, chegará à conclusão de que eles se apresentam com falhas e imprecisões. Não servem de modo algum como guia de interpretação do *I Ching* para uma pessoa que queira consultar o *I Ching*. E também devem ser aperfeiçoados para serem utilizados com a finalidade a que se destinaram: a tentativa de criar categorias e parâmetros para uma abordagem estatística do fenômeno da sincronicidade tal como se manifesta entre o *I Ching* e o consulente.

VI — Foi realizada a classificação das orientações recebidas numa série de 20 consultas.

Cada consulta recebe uma resposta composta por pelo menos um hexagrama, que contém ou não linhas móveis (de uma a seis), e em caso de conter linhas móveis estas redundam na formação de um segundo hexagrama.

Em tese, cada consulta recebe então uma resposta que contém de um a oito elementos a serem julgados para que se conclua se sua orientação é de AÇÃO ou NÃO-AÇÃO dependendo de a resposta ser seca (sem linhas móveis), ou conter linhas móveis (de uma a seis), o que gera o segundo hexagrama.

No presente trabalho, o autor considerou como negativa a orientação que só contivesse indicações negativas, ou que, tendo elementos positivos e negativos, contivesse mais de duas indicações negativas.

**QUADRO RESUMO DA CLASSIFICAÇÃO DA ORIENTAÇÃO
RECEBIDA NA SÉRIE DE CONSULTAS**

PERGUNTA	RESPOSTA		CLASSIFICAÇÃO
RESUMO	1? HEXAG.: LINHAS, 2? HEXAG.		PERTINÊNCIA (CC, C, ?, I)
			ORIENTAÇÃO (NN, N, S, SS, SE, DE)
1 TERMINO A RELAÇÃO?	15: 3, > SS SS	2 NN	CC, SS
2 TRABALHO AJUDA?	12: 4, 5, > NN SE, S SS	23 NN	?, N
3 RECEPTIVO COM RELAÇÃO?	48: 2, 3, 5, SE, N N SE, N SE, N	2 NN	CC, NN
4 CONTAREI SENTIMENTOS	36: 1, 3, > NN N S	2 NN	CC, NN
5 APENAS ESPERAR E VER?	15: SECO — SS		CC, SS
6 APENAS SEGUIR?	2: SECO — NN		CC, NN
7 POSSO BRINCAR SE TELEFONAR?	1: 1, 3, 5, 6, > S NN N S NN	40 SS	CC, N
8 O QUE FAZER SE TELEFONAR?	5: 1, 2, 3, 5, > SS SE,S S NN SE, S	2 NN	CC, NN
9 NO TEL. 1 O QUE É TELEFONAR?	53: 5, > SS S	52 NN	— CC,NN
10 POSSO DIZER VIVÊNCIAS?	53: 4, > SS NN	33 N	CC, DE, N
11 POSSO VIVER TESÃO?	57 C 4, >6 SE, N SS NN	28 NN	C, NN
12 E SE TRANSAR?	44 C 1, 3, 5, > N NN N S	38 NN	C, N
13 NO ENCONTRO, ELA TIRA (O QUE É ESTE ENCONTRO?)	33 C 1, 3, 6, > S NN DE, S	55 DE, S S	CC, DE, SS
14 POSSO TELEFONAR?	44 C 2, 3, > NN N N	12 NN	— CC, NN
15 ESPERO TELEFONAR?	37 C 1, > SS___S	53 S	CC, S
16 POSSO TELEFONAR	25 C 5, 6, > N N NN	51 N	C, N
17 ESPERO ELA LIGAR?	1 C 2, > S___SS	13 =	C, SS
18 POSSO CONTAR TRABALHO SE LIGAR?	14 C SECO SS		CC, SS
19 POSSO ESTIMULAR APROXIMAÇÃO SE TELEFONAR?	42 C SECO SS		CC, SS
20 NOS VEREMOS LOGO?	26 C 3, > SE, N__N	41 = SE, N	CC, SE, N

148

DIÁLOGO MANTIDO COM O I CHING
(Apresentação informal e coloquial)

1ª Consulta: onde estou com ela? Afasto-me?
Resposta: Deves concluir o que começaste. Afasta-te e mantém-te receptivo.

2ª Consulta: Deve concluir os meus trabalhos, e isso pode beneficiar a relação?
Resposta: Meu rapaz, deves concluir os teus trabalhos que andam parados, mas não deves associar isso à relação. Pois isso não te levará a parte alguma.

3ª Consulta: Devo não dirigir a relação, ser receptivo?
Resposta: Com certeza, tens sentimentos puros para com essa pessoa. Mas essa água não está sendo bebida. Não há nada que possas fazer. Sê receptivo.

4ª Consulta: Estarei receptivo, mas sinto exatamente que essa água é pura e não está sendo bebida. Quero expressar isso.
Resposta: Deves ocultar o que pensas. Queres superar todos os obstáculos. Não terás um destino favorável. Se nada fizeres, encontrarás orientação.

5ª Consulta: Então apenas espero e vejo...
Resposta: Um homem leva as coisas à conclusão.

6ª Consulta: Devo apenas seguir a vida...
Resposta: Se tentares dirigir, te desviarás. Se seguires, obterás orientação.

7ª Consulta: Posso brincar e ser convidativo se telefonar?
Resposta: Cuidado com a confiança em demasia.

8ª Consulta: O que fazer se telefonar? Estou ansioso...
Resposta: Espera com calma, alegre. E sê receptivo no telefonema.

9ª Consulta: Durante o telefonema: (— Como estão indo as coisas?)
Resposta: O desenvolvimento gradual, o casamento, ao final os desentendimentos são superados. Não deixes teus pensamentos irem além da situação presente.

10ª Consulta: — Posso expressar meus sentimentos?
Resposta: Desenvolvimento gradual, meu rapaz, vai com calma. Acho que te perderás, e haverá um afastamento. Existem sentimentos intensos envolvidos.

11ª Consulta: Ela me telefonou, propondo um encontro. Estou intensamente desejoso. Posso viver isso?
Resposta: Sê suave. Vai devagar. Provavelmente cometerão excessos. E tu não deves te abater quando deves renunciar ao mundo.

12ª Consulta: E se a gente transar mesmo assim?
Resposta: Tu perderás o controle sobre ti mesmo. Sucumbirás a forças poderosas. E vós entrareis em oposição, por haver uma espécie de mistura, fusão.

13ª Consulta: (Durante o encontro, ela pergunta ao *I Ching*: O que é esse nosso encontro hoje?)
Resposta: Vós vos afastareis, fazei isso de maneira nobre, alegre. Decidi o que há para decidir. Não fiqueis tristes.

14ª Consulta: (Após o encontro): Posso telefonar?
Resposta: Ela virá, mas tu terás dificuldade em progredir, e terás de te recolher para não entrares em dificuldades.

15ª Consulta: Devo esperar que telefone?
Resposta: Sim, meu rapaz, deves ter consistência em tuas palavras. E colocar limites para as coisas. Assim poderás desenvolver a relação.

16ª Consulta: E, agora, posso telefonar?
Resposta: Tu és sincero rapaz, mas estás doente de vontades. Deves cultivar a tua virtude e corrigires as tuas faltas.

17ª Consulta: Espero, então, ela ligar?
Resposta: Isso será fecundo, e te aproxima de tua sabedoria. Deves cultivá-la.

18ª Consulta: Se ela ligar, posso contar sobre trabalho?
Resposta: Isso é adequado. Pode trazer coisas boas.

19ª Consulta: Se ela ligar, posso estimular aproximação?
Resposta: Sim, haverá progresso. E pode-se tentar coisas importantes.

20ª Consulta: Nos veremos logo?
Resposta: pelo que vejo, não estás preparado. Deves te fortalecer. E provavelmente terás que exercitar a contenção.

ANÁLISE E DISCUSSÃO DOS RESULTADOS

A pertinência de cada uma das respostas obtidas, embora façam sentido do modo como foram compreendidas pelo consulente, não oferece, por hora, a possibilidade de análises estatísticas. Porque dependem inteiramente da compreensão que o consulente tem delas e da associação que faça da questão apresentada ao *I Ching* com a identificação (na resposta) de elementos que o consulente percebe em si no momento da consulta. Além do quê, não se sabe que associações receberiam outras respostas que o *I Ching* poderia dar. Provavelmente várias respostas seriam recebidas como pertinentes. Apenas alguns hexagramas poderiam ser vividos como ininteligíveis

ou não pertinentes. Não obstante, as respostas obtidas foram classificadas de acordo com a compreensão que o consulente teve delas no que se refere ao item pertinência, para que se possa ter uma idéia de como se desenvolve a relação entre o consulente e o *I Ching*.
Foram feitas observações quantitativas a respeito da orientação contida na série de respostas obtidas. E aqui se passa para o que o autor presume possa se constituir num modo de se observar sistematicamente a relação entre o *I Ching* e o consulente. O que o autor também presume fosse o desejo de Jung.

A série de consultas é constituída de vinte consultas realizadas sobre um mesmo tema, no decorrer de cinco dias. Foram realizadas várias consultas em seguida em uma mesma hora, algumas depois de passadas algumas horas, e nos dias diferentes se observará uma freqüência de consultas que varia de dia para dia.Ou seja, as consultas não se distribuíram com homogeneidade no decorrer do tempo. (Isso se deve a que o consulente seguiu o seu desejo de consultar o *I Ching* de acordo com a presença que o tema se colocou.) Nada impede que se façam observações de séries que tenham uma distribuição mais homogênea no tempo. A presente série se distribui da seguinte maneira:

Resumo da distribuição das consultas nos dias:

1º dia: 9 consultas: 6 das 5:40 às 5:57 horas; 11:33 horas; 12:03 horas; 16:32 horas.
2º dia: 3 consultas: 03:24 horas; 2 das 16:38 às 16:40 horas.
3º dia: 6 consultas: 23:41 horas; 2 das 03:18 às 03:23 horas; 2 das 19:31 horas às 19:35 horas; 20:55 horas.
4º dia: Nenhuma consulta.
5º dia: 2 consultas: 2 das 21:13 horas às 21:22 horas.

Se se considerar as consultas realizadas em seguida como pertencentes a subséries, o primeiro dia começa com uma subsérie de seis consultas, com um resultado extremamente interessante. Com um grau de consistência de orientação surpreendente: foram obtidos quatro vezes o mesmo hexagrama 2, O RECEPTIVO, em seis consultas. Três vezes como 2º hexagrama (o que faz com que este seja a possível derivação, sem linhas), e uma vez como 1º hexagrama sem linhas, isto é, seco.

A fórmula utilizada para o cálculo da probabilidade seria:
$P = (P)^X \cdot (\sim P)^{N-X} \cdot N!/(N-X)! \cdot X!$, onde se lê: probabilidade igual à probabilidade do evento desejado elevada ao número de vezes em que ocorre o evento desejado; vezes a probabilidade dos eventos

ão desejados elevado ao número de lançamentos menos o número
le vezes em que ocorreu o evento desejado; isso tudo multiplicado
pela fração: número de lançamentos fatorial dividido pelo (número
de lançamentos menos o número de eventos favoráveis) fatorial, vezes o número de eventos favoráveis fatorial.
No caso verificado: $(1/64)^4 . (63/64)^8 . 12!/8! . 4!$
cujo resultado é: uma possibilidade em 38 447, ou seja, o evento ocorrido tem uma chance em 38 447 de ocorrer, caso isso se verifique ao acaso.

Nota: Considerou-se n = 12 porque cada consulta pode fornecer 2 hexagramas. O que significa que, em seis consultas, cada hexagrama teve 12 chances de sair. (No caso verificado, essa consideração é parcimoniosa, pois na realidade foram obtidos 2 hexagramas sem linhas móveis, seco, o que redundou em apenas 10 hexagramas.)

Caso se considerasse n = 10 o cálculo seria ainda mais significativo: $(1/64)^4 . (63/64)^6 . 10!/6! . 4!$
cujo resultado é: uma possibilidade em 87 815, ou seja, o evento ocorrido tem uma chance em 87 815 de ocorrer, caso isso se verifique ao acaso.

Caso se considerasse as oito primeiras consultas, haveria a ocorrência de cinco vezes o hexagrama nº 2, com n = 16, onde o cálculo passaria a ser: (1 sobre 64) elevado à 5.ª potência, multiplicado por (63 sobre 64) elevado à 11.ª potência, multiplicado por (16! sobre 11! . 5!), cujo resultado é uma chance em 292 493 de ocorrer ao acaso.

Pela análise das consultas feitas pode-se verificar que as seis consultas têm a mesma orientação: "O homem superior leva as coisas à conclusão"; "Se o homem superior tentar empreender algo e tentar dirigir, ele se desviará; porém, se ele seguir, encontrará orientação." As duas consultas que propuseram alguma ação na direção da relação receberam orientação negativa. As que se propunham apenas esperar obtiveram respostas positivas.

Em termos de orientação, foi constatado nas 14 consultas restantes que em nenhum momento o *I Ching* indicou a ação na direção da relação. E em todas as respostas em que se propôs a espera houve confirmação.

Ainda numa análise geral, pode-se afirmar que as propostas de ação se distribuíram irregularmente no decorrer da série de 20 consultas, o mesmo acontecendo com as propostas de espera. (É possível fazer uma série com alternância regular de ação e espera.)

Foram obtidas 7 orientações positivas referentes a retirar-se da relação e esperar e 13 orientações negativas referentes a fazer qualquer movimento em direção à relação.

A conclusão a que se chegou é de que nas 20 consultas realizadas o *I Ching* manteve sempre a mesma orientação: *Termine a relação e espere. Não atue mais.* Houve consistência na orientação recebida.

Os cálculos para se avaliar as probabilidades de consistência em 20 consultas ao *I Ching* de acordo com os critérios e parâmetros deste trabalho são complexos e não cabem no âmbito desta publicação.

No entanto, suponhamos que as chances de receber uma orientação positiva ou negativa como resposta a uma consulta ao *I Ching*, fossem de 50% para as positivas e de 50% para as negativas, como no caso de cara ou coroa ao lançarmos uma moeda. E que o *I Ching* para ser consistente deveria adivinhar quando a orientação é negativa (coroa) e quando a orientação é positiva (cara). Se ele acertasse todos os lances em 20 consultas (arremesso de moedas), de modo a fornecer uma orientação consistente, isso revelaria um grau de significância muito acima do 0,01 necessário para que os resultados fossem considerados significativos do ponto de vista da ciência.

E ainda com caráter especulativo gostaríamos de acrescentar:

1º) Considere-se a presente série de consultas como um todo, constituída por sete perguntas que propõem retirar-se e não agir (e que deveriam hipoteticamente receber orientação positiva) e mais treze perguntas que propõem ações na direção da continuidade da relação (e que deveriam hipoteticamente receber orientação negativa). Tudo isso para que a orientação recebida fosse julgada consistente.

2º) Supondo-se que os critérios de pré-qualificação das categorias de orientação (NN, N, SS, S, SE, DE) e o critério adotado de considerar negativa qualquer orientação que contivesse dois ou mais elementos negativos tenham criado um universo de probabilidades que por acaso corresponda aos 7/20 avos para as positivas e 13/20 avos para as negativas, e que cada resposta fosse considerada uma coincidência, estaríamos diante de fatos extremamente curiosos:

A — A distribuição como um todo seria a que se deve esperar.

B — A série, no entanto, se distribui numa ordem rigorosamente coincidente com os significados das consultas no que se refere ao agir e ao não-agir. O que como resultado produz uma orientação absolutamente consistente quanto a agir/não-agir.

C — De onde se poderia dizer, como desejava Jung, que se produziu uma série de coincidências significativas ou, de outro modo, que a relação entre as consultas e as respostas é de significado e não causal.

DISCUSSÃO DA METODOLOGIA APLICADA PARA A CRIAÇÃO DAS CATEGORIAS

O SISTEMA BINÁRIO: AÇÃO, NÃO-AÇÃO

É problemática e pode ser questionada a categorização ação, não-ação. O que é o agir? E o não-agir? Esses conceitos justamente são objeto de concepções absolutamente diferentes no Oriente e no Ocidente. E são entendimentos que fundam o modo de ser dessas culturas. Já na definição de cultura tal como é posto e razoavelmente aceito pela antropologia: cultura é o que define o modo de *agir*, pensar e sentir de uma comunidade humana.

Para o presente trabalho foi adotado o ponto de vista ocidental de conceber ação, não-ação. E o entendimento mais geral foi de que ação se refere ao agir sobre o mundo exterior. E, ao contrário, não-ação se refere a qualquer orientação que indicasse recolhimento, reflexão, contemplação, interiorização, receptividade, espera.

O *I Ching* tem sua concepção de mundo fundada em dois princípios básicos referentes exatamente à ação não-ação. É isso inclusive que constitui os hexagramas. Linhas yang concebidas como o princípio ativo (criativo) e linhas yin como o princípio não-ativo (receptivo). *É esta concepção que deve orientar o aperfeiçoamento das categorias criadas.*

O máximo de simplicidade e parcimônia desse modelo apontaria na direção de apenas duas categorias para a classificação das orientações, uma positiva (*S*) e outra negativa (*N*).

Não obstante, o universo de orientações passíveis de serem obtidas com uma consulta ao *I Ching* apontou a necessidade de criação de um total de seis categorias. Inicialmente foram criadas apenas quatro categorias (*NN, N, S, SS*). O que possibilitou a discriminação de orientações expressamente positivas, sugestivamente positivas, sugestivamente negativas e expressamente negativas.

A categoria *NN* é equivalente à categoria *N* para efeitos de quantificação; foram diferenciadas para explicitar quando o critério era totalmente objetivo *NN*, referindo-se explicitamente a alguma palavra contida no texto do *I Ching* e quando foi necessário um conhecimento mais aprofundado do texto para extrair o seu significado em termos de ação não-ação. O mesmo se dá com as categorias *SS, S*.

Tal tentativa redundou em extrema dificuldade de classificação de algumas respostas. O que obrigou à criação de mais duas categorias (*SE, DE*). Isto, se por um lado corresponde a diferentes categorias de orientações fornecidas pelo *I Ching*, e permitiu a classificação de determinadas respostas que não se encaixavam nas categorias anteriores, por outro lado implicou um número maior de decisões do tipo das que se tomam em ciência. Essas duas categorias são parciais, visto que necessitam de um segundo juízo para serem classificadas em *S* ou *N* para efeitos de quantificação.

Pode-se pensar na redução do número de categorias, ou em reagrupá-las em três categorias de âmbito mais amplo: *N, S, PA*. (*PA* para parciais)

Para efeitos de quantificação, os resultados foram reagrupados em apenas duas categorias (*S, N*), o que nos conduz ao sistema numérico binário em que foi originalmente concebido o *I Ching*.

NECESSIDADE DE CRIAÇÃO DA CATEGORIA SE

As dificuldades em classificar as respostas se devem a fatores de diferentes ordens. Umas contornáveis e que dependerão de um estudo mais aprimorado do *I Ching*, com a finalidade precípua de classificação de suas orientações no que se refere à ação não-ação.

De imediato, pode-se constatar um tipo de resposta do *I Ching* que levou o presente trabalho a desenvolver a quinta categoria do parâmetro 2. Trata-se das respostas de tipo condicional onde expressamente o *I Ching* utiliza a partícula *SE* como condição de atuação. E mesmo onde não há a presença expressa da partícula *SE*, o melhor entendimento da orientação é dado por uma compreensão do conteúdo da resposta que estaria indicando a presença de fatores atuantes na realidade ou na subjetividade do consulente que, *SE* considerados, podem levar ao sucesso ou ao fracasso no caso de ação por parte do consulente. Em outros termos, a AÇÃO NÃO-AÇÃO seria condicionada a esses fatores serem ou não adequadamente equacionados. Ao tomar este caminho, o presente trabalho se impôs mais *38* decisões do tipo que se tomam em ciência, pois foram pré-classificadas nesta categoria *38* orientações do universo de orientações possíveis. E que requerem uma segunda decisão de classificação cada vez que se recebe uma orientação pertencente a esta categoria, para que passe a fazer parte da quantificação *S* ou *N*. Na presente série, verificou-se *1* caso em que as respostas obtidas necessitaram de duas decisões para serem classificadas em *S* ou *N*.

NECESSIDADE DE CRIAÇÃO DA CATEGORIA DE

Existe uma dificuldade teórica que impede a pré-qualificação como critério estabelecido de antemão para o entendimento das orientações recebidas. E que pode ser enunciada da seguinte maneira: O fenômeno da sincronicidade verificado na consulta ao *I Ching* é definido como uma relação de significado que acontece entre um fato objetivo e uma presença na subjetividade do consulente. Portanto, só pode se verificar com a formulação desta presença sob a forma de uma consulta. Essa consulta assume a forma de uma pergunta. Que pode ser formulada de formas variadas. Portanto, a resposta é dependente da formulação da pergunta. Exemplificando: embora haja a tendência de que as questões sejam formuladas de maneira interrogativa contendo uma afirmação por parte do consulente — devo fazer isto?, posso fazer aquilo? — ou possam ser formuladas de modo mais indefinido — o que devo fazer?, o que vai acontecer em tal situação? —, existe a possibilidade de formulação de questões negativas — não devo sair?, não me manifesto? — etc. O que a rigor muda o sentido da resposta obtida. Isso exemplifica a questão do ponto de vista estritamente lógico.

No mesmo sentido do parágrafo anterior, o *I Ching* em suas orientações por vezes também especifica a direção da ação, se se deve avançar ou recuar. É nesse sentido que nem todas as respostas podem ser pré-qualificadas como positivas ou negativas. Pois se se formula uma questão com sentido de retirada e a orientação é no sentido de retirada, a resposta deve ser entendida como positiva. Ao passo que se se formulou uma questão com sentido de avançar e a resposta propõe uma ação cujo sentido é retirada, a resposta deve ser recebida como negativa, embora a resposta esteja sugerindo ação.

Na prática, o autor se deparou com diversas linhas em que a atribuição de uma pré-classificação foi extremamente difícil e seria arbitrária caso não fosse criada a sexta categoria (*DE*). Pois dependem da formulação da questão para serem qualificadas como positivas ou negativas no que tange à ação não-ação. Isso porque, como foi dito anteriormente, várias orientações do *I Ching* se referem a recuo ou mudança no curso de ação. *37* orientações do *I Ching* caíram nesta categoria e exigem uma segunda decisão para serem qualificadas como *S* ou *N*, sempre que uma consulta obtiver essas orientações. No caso da presente série, verificaram-se *2* respostas com esse tipo de orientação.

Pode-se argumentar que qualquer orientação recebida do *I Ching* depende de considerações a respeito da questão formulada. (O que implicaria que todas as orientações recebidas fossem classificadas como pertinentes às categorias *DE* ou *SE*.) E que a compreensão da orientação é sempre condicionada a associações de sentido que o consulente possa fazer com a presença em sua subjetividade que motivou a consulta. O que pode ser considerado verdadeiro quando se utiliza o *I Ching* com a finalidade de auto-esclarecimento. Mas tal

156

raciocínio não se aplica ao presente trabalho. Primeiro, porque não se entra no mérito de que as orientações devam ou não ser seguidas. E em segundo porque o *I Ching*, em suas orientações, apresenta respostas claras e expressas do tipo "não atue, espere, atue energicamente, nada que seja desfavorável", etc. E expressamente se utiliza da partícula **SE** como condição para o sucesso ou fracasso. O que as diferencia como orientações. O que possibilita a criação de categorias que diferenciem esses dois tipos de orientações quando se pretenda estudá-lo quanto aos diferentes tipos de orientações recebidas em uma série de consultas.

AS CATEGORIAS PARCIAIS

As duas últimas categorias **SE, DE**, aqui nomeadas de parciais por se transformarem em positivas ou negativas, dependendo de condições do consulente ou do sentido da ação proposta na consulta respectivamente, exigem um julgamento mais complexo para serem classificadas como indicativas de ação ou não-ação. Aumentam a carga de avaliação subjetiva necessária para a decisão classificatória. Não obstante, são suportadas pelo tipo de linguagem em que estão vazadas algumas das orientações obtidas do *I Ching*. E permitiram a pré-classificação de orientações que de outro modo seriam muito mais arbitrárias.

Note-se ainda que no momento em que a consulta toma a forma de uma pergunta, já são configuradas as duas variáveis de que dependem as classificações dessas duas categorias parciais; a saber, o sentido da ação contida na pergunta e as condições que o consulente preenche ou não para poder agir. O que significa que embora dependentes de interpretação subjetiva, elas não interferem no fenômeno da consulta em si, estando portanto pré-qualificadas no instante em que se dá a consulta. O que se está tentando dizer é que o fato de serem dependentes não as coloca ao arbítrio do pesquisador para serem quantificadas arbitrariamente como positivas ou negativas. Isso se define no momento da consulta.

CONCLUSÕES

1 — Para que os resultados deste trabalho possam ser considerados confiáveis do ponto de vista científico, devem ser aprofundados os cálculos estatísticos, e ele deve ser replicado em outras séries de consultas. Se algum mérito apresenta, está na tentativa de cria-

ção de uma metodologia que possibilite a observação sistemática e a quantificação dos fenômenos verificados em uma consulta ao *I Ching*.

2 — É desejável a melhoria das categorias em que as orientações recebidas foram pré-qualificadas.

3 — É desejável a elaboração de estudos estatísticos teóricos para a caracterização do universo de orientações possíveis do *I Ching*.

4 — É possível criar uma padronização da forma como deva ser feita a consulta no sentido de quantificação da pertinência da resposta obtida com a consulta. (Tal como proposto verbalmente por um amigo chamado Amâncio.)

5 — Os resultados do presente trabalho apontam na direção da existência de séries de consultas que apresentam consistência de orientação. (A constatação de dois eventos com resultados significativos do ponto de vista estatístico: a subsérie inicial e a série como um todo.) O que quer dizer que nesses casos deve-se considerar a hipótese de algum fator em atuação.

6 — Este fator pode ser entendido como sincronístico, isto é, que não comporta uma explicação do tipo causal tal como queria Jung, ou deve-se tentar explicar como, de algum modo causal, a condição do consulente interfere nas orientações recebidas.

7 — É possível imaginar uma metodologia que possibilite a realização de quantificações a respeito da pertinência das respostas obtidas a consultas. Para tanto, seria necessário a explicitação e anotação prévia dos elementos constituintes da presença na subjetividade do consulente que motiva a consulta, para posterior verificação de pertinência das respostas obtidas.

POSSIBILIDADES FUTURAS

1 — É possível construir uma tabela, baseada em estudos estatísticos, que aponte o número mínimo de consultas a respeito de um mesmo tema para que a orientação, se consistente, possa ser considerada confiável do ponto de vista da ciência ocidental. Bem como é possível verificar o grau de significância de orientação de qualquer série de consultas.

2 — Em tese, é possível realizar estudos que verifiquem o resultado de se seguir orientações recebidas em séries de consultas que tenham apresentado um grau de consistência confiável do ponto de vista da ciência ocidental.

3 — É possível que se verifique a existência de consulentes que obtenham orientações para séries de consultas que apresentem con-

sistência significativa com maior freqüência, do mesmo modo como em qualquer outra habilidade humana.

4 — É possível que se possam treinar pessoas para a habilidade de obter orientações consistentes em séries de consultas ao *I Ching*. O que em termos de ficção científica permitiria a escolha de consultores de *I Ching* confiáveis cientificamente.

NOTAS FINAIS

1º) A série de consultas, bem como as fichas de anotações que analisam as respostas obtidas do *I Ching*, encontram-se em poder do autor sob a forma de arquivo de computador. Estão à disposição de quem queira pesquisá-las para melhor compreensão do modo como o autor entende as orientações recebidas do *I Ching* ou de como foi realizada a classificação das respostas nas categorias pré-definidas neste trabalho. Para tanto, contatar o autor:

RUA RICARDO SEVERO 76, PERDIZES
05010-010 SÃO PAULO, SP
TEL.: 62-3912

2º) O autor deseja contato com estatísticos sérios que estejam dispostos a desenvolver e aplicar metodologias estatísticas que possam dar conta dessa tentativa de quantificar os fenômenos que ocorrem na relação entre o consulente e o *I Ching*.

3º) O autor procura patrocínio para a continuidade das pesquisas que proporcionariam o desenvolvimento dos estudos ora realizados com o *I Ching*.

Bibliografia

1. *I Ching, O Livro das Mutações*, Richard Wilhelm, Editora Pensamento, 1991.
2. *I Ching*, PS PLUS SUPERDISK, ISSUE 66, MARCH 1992, Disquete de brinde da revista. Programa para jogar o *I Ching* por computador. Endereço da produtora do software: PC Wise Limited, Unit 3, Merthyr Tydfil Industrial Park, Pentrebach, CF 48 4DR, INGLATERRA. Endereço da revista: PC PLUS, FUTURE PUBLISHING LIMITED, THE OLD BAM, SOMERTON, TA117BR, TEL (0458)74011, INGLATERRA. FAX (0225)446019.
3. *Memórias, Sonhos e Reflexões*, Carl Gustav Jung, Editora Nova Fronteira, RJ, 13.ª edição, 1990.
4. *O Segredo da Flor de Ouro*, prefácio de Carl Gustav Jung, Editora Vozes, Petrópolis, 1983.
5. *Sincronicidade*, Carl Gustav Jung, Editora Vozes, Petrópolis, 4.ª edição, 1990.
6. *Adivinhação e Sincronicidade*, Marie-Louise Von Franz, Editora Cultrix, São Paulo, 1985.

NOVAS BUSCAS EM PSICOTERAPIA
VOLUMES PUBLICADOS

1 — *Tornar-se presente* — John O. Stevens. Mais de uma centena de experimentos de crescimento pessoal; baseados em Gestalt-terapia, a serem realizados individualmente ou em grupos com a participação de um coordenador.

2 — *Gestalt-terapia explicada* — Frederick S. Perls. Palestras e sessões de Gestalt-terapia, dirigidas por Perls, constituem a melhor maneira de entrar em contato com a força e a originalidade de sua criação. Transcrições literais de uma linguagem falada, cheia de vigor e de expressões coloquiais.

3 — *Isto é Gestalt* — Coletânea de artigos que representam a expressão mais autêntica do desenvolvimento atual da Gestalt-terapia. "Cada um de nós tem áreas de experiência humana onde vemos claramente e movimentamo-nos mais facilmente, e outras onde ainda estamos confusos."

4 — *O corpo em terapia* — Alexander Lowen. O autor expõe os fundamentos da bioenergética. Discípulo de Reich, retoma e expande as formas pelas quais o desenvolvimento do homem é tolhido pela estruturação errônea de hábitos mentais e motores. Pontilhado de exemplos clínicos, esclarece a teoria formulada pela abordagem bioenergética.

5 — *Consciência pelo movimento* — Moshe Feldenkrais. Feldenkrais, com pouca teoria, fundamenta como se forma, como se desenvolve e como se pode melhorar a percepção de si e a estrutura motora da imagem corporal.

6 — *Não apresse o rio (Ele corre sozinho)* — Barry Stevens. Um relato a respeito do uso que a autora faz da Gestalt-terapia e dos caminhos do zen, Krishnamurti e índios americanos para aprofundar e expandir a experiência pessoal e o trabalho através das dificuldades.

7 — *Escarafunchando Fritz — Dentro e fora da lata de lixo* — Frederick S. Perls. Parte em forma poética, muitas vezes divertido, às vezes teórico, o livro é um mosaico multifacetado de memórias e reflexões sobre a sua vida e sobre as origens e evolução da Gestalt-terapia.

8 — *Caso Nora* — Moshe Feldenkrais. Relato de como o autor conseguiu a recuperação de Nora, paciente com mais de 60 anos, e que, devido a um derrame, ficou incapacitada de ler, de escrever etc. A teoria da consciência corporal aqui se manifesta em sua plenitude, com seus êxitos e tropeços.

9 — *Na noite passada eu sonhei...* — Medard Boss. Após o estudo de inúmeros sonhos, Boss mostra que não existe ruptura entre o modo de ser no sonhar e o modo de ser na vigília. Boss aponta em que medida a compreensão dos sonhos pode trazer benefícios terapêuticos.

10 — *Expansão e recolhimento* — Al Chung-liang Huang. A essência do t'ai chi, entendido como o princípio mais sutil do taoísmo, isto é, wu-wei, a "não ação". É a aprendizagem do mover-se com o vento e a água, sem violência, não só nos exercícios, mas também no cotidiano.

11 — *O corpo traído* — Alexander Lowen. Através de uma minuciosa análise, o consagrado autor aborda o complexo problema da esquizofrenia, das realidades e necessidades de nosso próprio corpo, mostrando como chegamos a uma plena e gratificante união corpo-mente.

12 — *Descobrindo crianças* — Violet Oaklander. A abordagem gestáltica com crianças e adolescentes. A autora desenvolve um estudo sério sobre o crescimento infantil, empregando métodos altamente originais e flexíveis.

13 — *O labirinto humano* — Elsworth F. Baker. O livro apresenta a teoria reichiana segundo a qual o caráter humano está baseado no movimento e na interrupção do movimento da energia sexual. Discípulo de Reich, o autor analisa profundamente as causas e os efeitos de tais bloqueios emocionais.

14 — *O psicodrama* — Dalmiro M. Bustos. Livro que permite aprender aspectos técnicos de grande utilidade para o psicodramatista, além de dar uma visão global das diferentes aplicações das técnicas dramáticas.

15 — *Bioenergética* — Alexander Lowen — Através de estudos baseados nas teorias de Reich sobre os variados processos de formação da couraça muscular, o autor analisa diversos tipos de comportamento e propõe exercícios que buscam alcançar a harmonia com o Universo através de movimentos corporais.

16 — *Os sonhos e o desenvolvimento da personalidade* — Ernest Lawrence Rossi. Este livro apresenta os sonhos e a imaginação como processos criativos que conduzem a novas dimensões de consciência, personalidade e comportamento. Através da análise dos sonhos, o autor mostra como podemos ascender a níveis superiores de consciência, amor e individualidade.

17 — *Sapos em príncipes — Programação neurolingüística* — Richard Bandler e John Grinder. A programação neurolingüística é um novo modelo de comunicação humana e comportamento. Trata-se de uma técnica minuciosa, que torna possíveis mudanças muito rápidas e suaves de comportamento e sentimentos, em qualquer contexto.

18 — *As psicoterapias hoje* — Org. Ieda Porchat. Um grupo de autores nacionais aborda com clareza e atualidade algumas das técnicas psicoterapêuticas empregadas correntemente, situando-as no contexto geral das terapias.

19 — *O corpo em depressão* — Alexander Lowen. A perda da fé, a dissociação entre o corpo e o espírito, entre o homem e a natureza, a agitação da vida moderna, estão entre as principais razões para a depressão que tantas vezes nos oprime. Neste livro Lowen aponta o caminho para a redescoberta de nosso equilíbrio.

20 — *Fundamentos do psicodrama* — J. Moreno. Mediante um amplo debate com famosos psicoterapeutas, Moreno expõe sua teoria e aborda a transferência, tele, psicoterapia de grupo, espontaneidade e outros temas vitais.

21 — *Atravessando — Passagens em psicoterapia* — Richard Bandler e John Grinder. Neste livro de programação neurolingüística, enfatiza-se principalmente a formação dos estados de transe e a rica fenomenologia da hipnose. Livro rico em técnicas fortemente ativas e utilizáveis por terapeutas de linhas diversas.

22 — *Gestalt e grupos* — Therese A. Tellegen — Esta é a primeira exposição histórico-crítica, entre nós, da Gestalt-terapia. O livro, além dos gestalt-terapeutas, é útil para terapeutas de outras abordagens e demais interessados em grupos, desejosos de confrontar sua experiência com uma reflexão a nível teórico-prático.

23 — *A formação profissional do psicoterapeuta* — Elenir Rosa Golin Cardoso. Este livro mostra como se forma o psicoterapeuta, enfocando em especial sua figura idealizada. Através do *Sceno Test*, apresenta uma nova técnica de supervisão.

24 — *Gestalt-terapia: refazendo um caminho* — Jorge Ponciano Ribeiro. Uma tentativa teórica de explicar a Gestalt-terapia a partir das teorias que a fundamentam. De modo diferente e original, o autor une teoria e técnicas à prática da vivência em Gestalt-terapia.

25 — *Jung* — Elie G. Humbert. Livro de grande importância como análise da trajetória intelectual e humana do grande psicanalista, enriquecido por uma detalhada cronologia e bibliografia.

26 — *Ser terapeuta — Depoimentos* — Org. Ieda Porchat e Paulo Barros — Mediante entrevistas com psicoterapeutas, os organizadores trazem para os profissionais e estudantes um depoimento vivo e rico sobre a atividade do terapeuta.

27 — *Resignificando* — Richard Bandler e John Grinder. Mudando o significado de um evento, de um comportamento, mudamos as respostas e o comportamento das pessoas. Este livro completa a proposta da Programação Neurolingüística.

28 — *Ida Rolf fala sobre rolfing e a realidade física* — Org. Rosemary Feitis. Um instigante e esclarecedor encontro com a teoria do rolfing e os pensamentos da Dra. Ida Rolf, sua fundadora.

29 — *Terapia familiar breve* — Steve de Shazer. O autor descreve a teoria e a prática de um modo de atuar que desafia pressupostos básicos na terapia familiar, enfatizando a teoria da mudança.

30 — *Corpo virtual — Reflexões sobre a clínica psicoterápica* — Carlos R. Briganti. Este texto possibilita o despertar de novos conhecimentos e novas questões a respeito da complexidade humana associada ao corpo, com toda a sua potencialidade de transformação e de mudança.

31 — *Terapia familiar e de casal — Introdução às abordagens sistêmica e psicanalítica* — Vera L. Lamanno Calil. A riqueza de conceitos e de conhecimentos teóricos e práticos associados à terapia familiar e de casal, levou a autora a sistematizar nesta obra conceitos fundamentais.

32 — *Usando sua mente — As coisas que você não sabe que não sabe* — Richard Bandler. Este livro amplia o conhecimento sobre a Programação Neurolingüística, mostrando-nos como funciona esse método.

33 — *Wilhelm Reich e a orgonomia* — Ola Raknes. Neste livro, Ola Raknes trata do envolvimento gradual de Reich com a orgonomia através do desenvolvimento lógico de suas descobertas.

34 — *Tocar — O significado humano da pele* — Ashley Montagu. Este livro diz respeito à pele como órgão tátil, extensamente envolvido no crescimento e no desenvolvimento do organismo.

35 — *Vida e movimento* — Moshe Feldenkrais. Indispensável para aqueles que desejam aprofundar seu conhecimento com o trabalho de Feldenkrais, este livro propõe uma série de exercícios para ampliar a consciência pelo movimento.

36 — *O corpo revela — Um guia para a leitura corporal* — Ron Kurtz e Hector Prestera. Renomados terapeutas corporais, os autores escreveram um livro que possibilita a leitura da estrutura de nosso corpo, postura e psique. Um texto importante para nosso autoconhecimento e desenvolvimento.

37 — *Corpo sofrido e mal-amado — As experiências da mulher com o próprio corpo* — Lucy Penna. Uma reflexão sobre o corpo feminino na atualidade, em termos históricos e físico-psíquicos, sociais e terapêuticos, tomando como modelo de pesquisa diversos grupos de estudantes universitárias.

38 — *Sol da terra* — Álvaro de Pinheiro Gouvêa. Um livro pioneiro sobre o uso do barro em psicoterapia. O autor expõe os fundamentos teóricos e relata sua experiência com pacientes.

39 — *O corpo onírico — O papel do corpo no revelar do si-mesmo* — Arnold Mindell. O autor expõe o significado oculto nas sensações físicas e experiências corporais, pois o inconsciente nos fala, nos sonhos, por meio de imagens e símbolos.

40 — *A terapia mais breve possível — Avanços em práticas psicanalíticas* — Sophia Rozzanna Caracushansky. Um verdadeiro manual para os psicoterapeutas, uma visão global das mais importantes contribuições teóricas da psicologia: Freud, Jung, M. Klein, Winnicolt, Mahler, Spit.

41 — *Trabalhando com o corpo onírico* — Arnold Mindell. A aplicação da teoria já elaborada em O *corpo onírico*. Relatos de casos clínicos onde os fenômenos físicos estão relacionados às imagens e símbolos dos sonhos.

42 — *Terapia de vida passada* — Livio Tulio Pincherle (org.). Primeiro resultado de uma produção nacional desta terapia regressiva com bases espiritualistas. O que está em discussão são as teorias cartesianas e a necessidade de abrirem-se perspectivas para um universo polidimensional.

43 — *O caminho do rio — A ciência do processo do corpo onírico* — Arnold Mindell. A partir de conceitos da física moderna e da teoria da comunicação, Mindell expõe os princípios filosóficos de suas obras sobre o corpo onírico.

44 — *Terapia não-convencional* — *As técnicas psiquiátricas de Milton H. Erickson* — Jay Haley. Um clássico da denominada terapia estratégica. O primeiro livro a introduzir a genialidade de Erickson entre o público em geral e o mundo profissional.

45 — *O fio das palavras* — *Um estudo de psicoterapia existencial* — Luiz A. G. Cancello. Através da análise de um caso modelo, o autor desvenda a complexa relação entre um psicólogo e seu paciente com uma linguagem clara e precisa, em que as questões teóricas vão se colocando em meio ao processo terapêutico. Um dos poucos livros nacionais centrados na terapia existencial.

46 — *O corpo onírico nos relacionamentos* — Arnold Mindell. Aprofundando o que expôs em suas obras anteriores, o autor descreve como a descoberta de que os sinais corporais refletem sonhos pode ser usada para explicar a natureza dos problemas de comunicação.

47 — *Padrões de distresse* — *Agressões emocionais e forma humana* — Stanley Keleman. Uma análise das reações humanas aos desafios e agressões e a forma como esses sentimentos e experiências dolorosas são incorporados e alteram a estrutura das pessoas.

48 — *Imagens do Self* — *O processo terapêutico na caixa-de-areia* — Estelle L. Weinrib. Um revolucionário método que alia as técnicas junguianas de interpretação dos sonhos a uma forma não-verbal e não-racional de terapia, a caixa-de-areia.

49 — *Um e um são três* — *O casal se auto-revela* — Philippe Caillé. Um trabalho inovador no campo da terapia familiar: a necessidade de analisar o casal sem cair na banalidade, devolvendo a ele sua criatividade original.

50 — *Narciso, a bruxa, o terapeuta elefante e outras histórias psi* — Paulo Barros. Através de histórias que permeiam seu trabalho e suas próprias vivências, o autor nos desvenda, entre reflexões teóricas e poéticas, os caminhos de seu pensar e fazer terapêutico.

51 — *O Dilema da Psicologia* — *O olhar de um psicólogo sobre sua complicada profissão* — Lawrence LeShan. Um alerta contra os rumos que a psicologia tem tomado nos últimos anos e uma análise das causas que a fizeram desviar-se de seu caminho original.

Impresso na
**press grafic
editora e gráfica ltda.**
Rua Barra do Tibagi, 444 - Bom Retiro
Cep 01128 - Telefone: 221-8317